FACULTÉ DE DROIT DE DIJON.

THÈSE POUR LE DOCTORAT,

PAR

AMÉDÉE BILLECARD,
AVOCAT.

DE LA RÉVOCATION DES DONATIONS ENTRE VIFS.

BESANÇON,
J. JACQUIN, IMPRIMEUR-LIBRAIRE,
Grande Rue, 14, à la Vieille Intendance
1865.

FACULTÉ DE DROIT DE DIJON.

THÈSE
POUR LE DOCTORAT

soutenue le 8 mars 1865

PAR AMÉDÉE BILLECARD,

AVOCAT,

SOUS LA PRÉSIDENCE DE M. MORELOT,

CHEVALIER DE LA LÉGION D'HONNEUR, DOYEN DE LA FACULTÉ.

DE LA RÉVOCATION DES DONATIONS ENTRE VIFS.

BESANÇON,

J. JACQUIN, IMPRIMEUR-LIBRAIRE.

Grande-Rue, 14, à la Vieille-Intendance.

1865.

A MON PÈRE, A MA MÈRE.

DROIT ROMAIN.

DE LA RÉVOCATION

DES DONATIONS ENTRE VIFS.

Dans le dernier état du droit romain, tel qu'il est fixé par Justinien (l. 10, *Cod. de revoc. donat.*), nous voyons qu'à l'inverse des legs et des donations à cause de mort, dont le principe essentiel et le trait caractéristique étaient la révocabilité sans autres limites que le bon vouloir du disposant, la donation entre vifs était un véritable contrat irrévocable et obligatoire pour le donateur, du jour où il avait été formé.

Il ne faudrait pourtant pas conclure du principe de l'irrévocabilité posé par Justinien, qu'à partir de ce prince les donations entre vifs devinrent absolument immuables, car elles purent encore, dans les cas déterminés par la loi, subir une révocation soit partielle, soit totale. La révocation partielle était le résultat de l'action nommée *querela inofficiosæ donationis*, que l'on intentait dans le cas où les donations consenties par une personne excédaient, à l'époque de son décès, la quotité de biens dont elle pouvait disposer sans porter atteinte aux droits de ses héritiers légitimaires. La révocation totale, qui fera l'objet de ce travail, avait lieu dans les deux cas d'ingratitude du donataire et de survenance d'enfants au donateur. Nous allons étudier successivement ces deux hypothèses.

SECTION PREMIÈRE.

Révocation des donations pour cause d'ingratitude du donataire.

L'origine de la révocation des donations pour cause d'ingratitude remonte aux temps les plus anciens de la république romaine. D'après la loi des Douze Tables, ainsi que nous l'apprend la loi unique au Code *de ingratis liberis*, l'enfant émancipé qui se rendait coupable, envers ses parents, de sévices ou d'injures graves, perdait le bénéfice de l'émancipation. Plus tard (l. 6, ff., *de agnoscendis liberis*), le bienfait de la liberté fut enlevé aux affranchis ingrats. Vint ensuite la loi 2 au Code Théodosien, *de revocandis donationibus*, la première qui ait trait aux donations proprement dites. Elle portait que les donations faites par les pères à leurs enfants seraient révocables pour cause d'ingratitude. Cette loi fut successivement étendue sous Constantin (l. 7, *Cod. de revocand. donat.*), aux donations faites par les mères ; et sous Théodose et Valentinien (l. 9, *Cod. de revocand. donat.*), aux donations émanant des ascendants. Elle fut enfin généralisée par Justinien dans la loi 10, au Code *de revocandis donationibus*. Cette dernière loi détermine cinq cas d'ingratitude, savoir :

1° Si le donataire a proféré des injures atroces contre le donateur : *Ita ut in eum injurias atroces effundat.*

2° S'il s'est rendu coupable de violences contre la personne du donateur : *Vel manus impias inferat.*

3° S'il l'a exposé à quelque danger de perdre la vie : *Vel vitæ periculum aliquod ei intulerit.*

4° S'il a causé à sa fortune quelque dommage considérable : *Vel jacturæ molem ex suis insidiis ingerat quæ non levem sensum substantiæ donatoris imponat.*

5° S'il a refusé d'exécuter les charges de la donation : *Vel quasdam conventiones donationi impositas minimè implere voluerit.*

Examinons successivement ces cinq faits constitutifs d'ingratitude.

1° *Injures.* Par injures on doit entendre l'outrage ou l'affront dont le donateur est l'objet de la part du donataire. Cet outrage ou cet affront peuvent, ainsi que l'exprime Labéon, dans la loi 1, § 1, au Digeste, *de injuriis*, se traduire soit dans des faits, soit dans des paroles, *aut re aut verbis.* Mais avant tout, une condition essentielle pour que l'injure puisse motiver la révocation d'une donation, c'est qu'elle soit atroce. L'atrocité de l'injure, nous disent les Institutes, dépend de sa gravité. (Inst., § 9, *de injuriis*), et cette gravité se tire de plusieurs circonstances, telles que le lieu où l'injure a été proférée et la qualité de la personne qui en a été l'objet. Il suit de là que, bien que Justinien ait assujetti aux mêmes règles que celles des donations faites par les pères et mères les donations émanant d'étrangers, il est encore utile de faire à cet égard une distinction, puisque telle injure qui serait une cause de révocation en faveur des premiers, ne le serait pas en faveur d'autres personnes.

2° *Violences contre le donateur.* Les violences exercées contre la personne du donateur ne sont une cause d'ingratitude qu'à la condition qu'elles aient eu lieu injustement. Aussi n'est-il pas douteux qu'on ne pourrait pas considérer comme ingrat le donataire auteur des violences que nous venons de mentionner, si elles étaient nécessitées par la défense de la république et la protection de soi-même ou d'autrui, ou justifiées par toute autre cause légitime. En effet, dans ces différentes espèces il n'existe pas de faute imputable au donataire, et on ne peut, en conséquence, prononcer contre lui une révocation qui est une peine. Il faudrait donner la même solution dans le cas où le donataire aurait frappé le donateur par erreur en le prenant pour une autre personne. C'est qu'ici comme plus haut on ne trouve plus la mauvaise intention, élément essentiel de l'incrimination d'un fait. (L. 1, pr. ff, *de injuriis.*)

3° *Dommage considérable causé à la fortune du donateur.* Il n'est pas nécessaire que le donateur ait perdu toute sa fortune, et il suffit d'un dommage considérable. Quant à la quotité que doit atteindre ce dommage, c'est une question de fait, complétement abandonnée à l'appréciation du juge. Mais, quoi qu'il en soit, il faut dans tous les cas que le dommage ait été effectivement produit. Le mot *ingerat* de la loi 10, au Code *de revocandis donationibus*, ne peut laisser à cet égard aucun doute. La tentative, quelque blâmable et quelque répréhensible qu'elle puisse être au point de vue moral, ne saurait donc constituer l'ingratitude dans le sens juridique du mot, et par conséquent motiver la révocation d'une libéralité. Remarquons encore que le donataire ne pourrait être privé du bénéfice de la donation, s'il avait causé un préjudice considérable au donateur par suite d'un motif légitime. Tel serait le cas où ses fonctions l'obligeraient à dénoncer un crime de ce dernier qui entraînerait la confiscation de tous ses biens. (L. 5, § 13, ff, *de his quæ ut indign. auferunt.*)

4° *Attentat à la vie du donateur.* Il faut que par le fait du donataire, le donateur ait couru le danger de perdre la vie : *Vitæ periculum intulerit.* Il résulte de ces expressions de la loi 10 que, dans l'espèce qui nous occupe, la tentative est suffisante. Mais ici comme ailleurs, l'attentat dont s'est rendu coupable le donataire ne doit pas avoir un juste motif. Ainsi il est certain qu'il n'aurait rien à craindre, s'il avait mis en péril la vie du donateur pour sauver la sienne, comme dans le cas où il l'aurait accusé d'hérésie ou de haute trahison. Car en pareille circonstance (Novelle 115, chap. III, § 3), celui qui avait connaissance des crimes dont nous venons de parler, devait les dénoncer sous peine de passer pour en avoir été le complice. Aussi, en cas de tout autre crime, le donataire ne pourrait dénoncer le donateur sans se trouver en butte à l'action en révocation pour cause d'ingratitude.

5° *Inexécution des conditions.* L'inexécution des conditions est une cause de révocation des donations, parce que le donataire, en refusant d'accomplir ce à quoi il s'est obligé dans le contrat de donation, manque gravement au devoir de reconnaissance envers le donateur. Il n'y a, du reste, rien de particulier à remarquer sur ce cinquième et dernier cas d'ingratitude prévu par la loi 10.

Les faits d'ingratitude que nous venons d'énoncer, doivent, d'après la loi 10, être prouvés pour pouvoir donner lieu à la révocation de la donation. Cette preuve, qui est à la charge du demandeur, doit, nous dit le texte, être faite *in judicio cognitionaliter*, c'est-à-dire en présence des parties et après les avoir entendues.

Aux cinq faits d'ingratitude énoncés dans la loi 10, n'en pourrait-on pas joindre d'autres? Selon l'opinion commune des anciens commentateurs du droit romain, il faudrait ajouter aux faits prévus par la loi 10, tous ceux dont la gravité serait égale ou supérieure. Mais cette opinion, repoussée du reste par Zoesius (1) et Perezius (2), ne nous semble pas pouvoir être admise en présence des termes si formels de la loi 10, qui, après avoir énuméré cinq cas de révocation, se termine par ces mots: *Ex his tantùmmodo causis.* Du reste, il s'agit de dispositions pénales, et il est de principe que ces dispositions ne peuvent être étendues même au moyen d'arguments *à fortiori : Non est delictum nisi descendat ex scripturâ legis.* Il résulte de ce que nous venons de dire, que le donateur n'a pas droit à des aliments

(1) *Comment. in titul. de donat.*, ff., n° 90.
(2) *Comment. in titul. de revoc. donat.*, Cod., n° 7.

et ne pourrait fonder une demande en révocation sur le refus qui lui en serait fait par le donataire. Sur ce point, il faut toutefois user d'une distinction entre le cas où le donateur a déjà livré les objets donnés, et celui où il ne les a pas encore livrés; car dans le cas où la tradition n'a pas encore eu lieu, le donateur peut obtenir des aliments par suite du bénéfice de compétence. Ce bénéfice (lois 19 et 30, ff., *de re judicatâ*) consiste dans le droit qu'a le donateur assigné en livraison des choses données, de n'être condamné que dans les limites de ses facultés, après en avoir déduit le montant de ses dettes et ce qui lui est nécessaire pour vivre. On comprend, par cette seule définition, que tant que la tradition des objets donnés n'a pas eu lieu, le donateur a un moyen d'obtenir des aliments du donataire, moyen qui lui fait complétement défaut lorsque la tradition a été effectuée. Cependant, même dans ce dernier cas, certains commentateurs anciens ont soutenu que le donateur avait droit à des aliments, et que le refus qui lui en était fait par le donataire pouvait motiver une demande en révocation de la donation pour cause d'ingratitude. On invoque à l'appui de cette opinion la loi 8 au Code *de revocandis donationibus*, connue sous le nom de loi *Si unquàm*, et on raisonne de la manière suivante : D'après la loi 8, le donateur auquel il survient des enfants, peut demander la révocation de la donation qu'il a consentie, parce qu'on suppose qu'il n'aurait pas donné s'il avait pensé avoir des enfants ; or, dit-on, il est moins à présumer que le donateur se fût dessaisi de ses biens s'il eût prévu la nécessité future que la survenance d'enfants. Cet argument est loin d'être convaincant, car ce n'est qu'un argument *à fortiori*, qui, nous l'avons prouvé, ne peut avoir aucune valeur lorsqu'il s'agit d'appliquer des dispositions pénales.

Perezius, tout en adoptant l'opinion que nous avons exposée en premier lieu, y apporte un tempérament qu'il nous semblerait difficile d'admettre. Selon cet auteur, le refus d'aliments ne pourrait pas, il est vrai, motiver la révocation de la donation; mais le juge, surtout si la donation est considérable, devrait par raison d'utilité et d'équité forcer le donataire à fournir des aliments au donateur jusqu'à concurrence des fruits produits par les choses données. Le motif de cette décision serait dans la loi 5, § 1, ff., *de agnoscendis liberis*. D'après cette loi, les enfants doivent des aliments à leurs père et mère dans le besoin; or, celui dont on a reçu une libéralité doit être considéré comme un père et par conséquent la loi 5 doit lui être appliquée (1).

L'action en révocation fondée sur l'ingratitude peut être intentée contre tout donataire quelconque, à l'exception des enfants dans le cas où leur mère donatrice aurait convolé en secondes noces ou se serait prostituée. (L. 7, Cod. *de revocand. donat.*) Mais sur ce point une modification a été apportée dans le dernier état du droit. En effet, la Novelle 22, chapitre xxxv, décida que la mère donatrice, bien qu'elle eût contracté un second mariage, pourrait encore demander la révocation des donations par elle consenties à ses enfants, mais seulement dans les trois cas suivants : si ceux-ci ont exercé des violences sur sa personne, attenté à sa vie ou causé la perte totale de sa fortune. Du reste, la faveur de la Novelle 22, remarquons-le bien, n'a jamais été étendue à la mère donatrice qui s'était prostituée.

La qualité du donataire, sauf l'exception que nous venons de signaler, est donc indifférente quant au point de savoir si la donation est ou non révocable. Mais doit-on en dire autant de la qualité de la donation elle-même? Pour répondre à cette question il faut, ainsi que nous allons le faire, examiner successivement plusieurs espèces particulières de donations.

Et d'abord, la donation rémunératoire est-elle révocable pour cause d'ingratitude? Sur ce point il existe deux opinions. Selon

(1) Perezius, *in codice, titul. de revocand. donat.*, n° 8.

la première, la donation est dans tous les cas irrévocable, parce qu'il s'agit plutôt du paiement d'un service et d'une sorte d'échange que d'une véritable donation. (Lois 27 et 34, ff., *de donationibus.*) Suivant la seconde opinion, il faut distinguer si les services rendus sont ou ne sont pas tels que le donataire eût pu agir en justice pour en obtenir le salaire. Dans le premier cas, il y a en réalité un paiement et la donation est irrévocable jusqu'à concurrence de la valeur des services rendus. Dans le second cas, il y a une véritable donation, révocable comme les libéralités ordinaires.

Que faudrait-il décider au sujet de la constitution de dot? Serait-elle révocable pour cause d'ingratitude de la femme? Il est évident qu'elle ne le serait pas si le constituant était le père de la femme. Car celui-ci étant obligé (l. 19, ff., *de rit. nupt.*) de doter sa fille, il ne s'agit pas, à vrai dire, d'une libéralité. Sur ce point tout le monde est d'accord. Mais il n'en est plus de même lorsque la dot a été constituée par un étranger. Dans ce cas, Zoesius (1) pense qu'il y a lieu à révocation par ce motif que le constituant ayant agi librement a fait une véritable libéralité. Perezius (2), dont l'opinion nous semble préférable, décide au contraire qu'il n'y a pas lieu à révocation. C'est que, bien que le constituant étranger ait agi librement, on ne peut pas dire qu'il a fait une véritable libéralité. La constitution de dot, ayant pour objet d'aider les époux à supporter les charges du mariage, est en quelque sorte un contrat à titre onéreux. Quelle que soit, du reste, l'opinion que l'on admette sur la question que nous venons d'examiner, il est hors de doute que la révocation ne peut porter préjudice ni au mari ni aux enfants, et que par conséquent elle ne peut être demandée qu'après la dissolution du mariage.

(1) *Comment. in titul. de donat*, ff., n° 96.
(2) *In codice, titul. de revocand. donat.*, n° 12.

La révocation des donations pour cause d'ingratitude n'a pas lieu de plein droit. Elle doit être demandée en justice, ainsi que cela résulte formellement de ces mots de la loi 10 : *Si fuerint in judicium dilucidis argumentis cognitionaliter approbatæ.* Mais lorsque la révocation aura été prononcée en justice, il s'agit de savoir ce que devra restituer le donataire. D'après la loi 7, au Code *de revocandis donationibus*, il ne doit rendre, parmi les choses qui lui ont été données, que celles qui sont encore dans son patrimoine au moment où l'action en révocation est intentée contre lui. Les ventes, les donations et les échanges qu'il a pu consentir subsistent donc. C'est qu'il s'agit d'une action pénale dont les suites ne peuvent rejaillir contre les tiers, qui sont innocents. Aussi faudrait-il décider que les tiers acquéreurs pourraient être inquiétés dans le cas où ils se seraient rendus les complices du donataire qui aurait aliéné en fraude des droits du donateur.

Si, au lieu d'aliéner les choses qui lui ont été données, le donataire les a mises en gage ou hypothéquées, la révocation n'en a pas moins lieu, puisque, jusqu'à concurrence des droits qui sont restés dans les mains du donataire, il n'y a pas eu d'aliénation. La chose donnée rentrera donc dans le patrimoine du donateur, mais grevée des droits de gage et d'hypothèque consentis par le donataire. Il faut, par les mêmes motifs, donner la même solution pour tous autres droits réels. Mais que décider relativement aux droits des tiers résultant de baux passés par le donataire évincé? La difficulté sur ce point vient de ce que le droit du locataire n'est qu'un droit purement personnel, qui n'affecte pas la chose louée et ne la suit pas dans les mains des tiers détenteurs. (L. 9, Cod. *de locato conducto.*) Cependant, Zoesius (1) décide que le droit du locataire devra être respecté par le donateur, pour ce motif, déjà indiqué plus haut, que l'action

(1) *Comment. in titul. de donat.*, II., n° 102.

en révocation pour cause d'ingratitude est tellement personnelle et pénale, qu'elle ne doit, en aucun cas, pouvoir nuire aux tiers.

Les fruits produits par la chose donnée doivent, comme cette chose, être restitués, sous le bénéfice toutefois de certaines distinctions, ainsi qu'on va le voir.

Les fruits déjà existants lors de la donation doivent être restitués, parce qu'ils sont censés avoir été donnés avec la chose qui les a produits. Les fruits perçus après la *litis contestatio* doivent aussi être rendus, parce qu'à partir de ce moment le donataire a été de mauvaise foi. (L. 4, ff., *fin. reg.*) Quant aux fruits perçus entre l'époque de la donation et celle de la *litis contestatio*, le donataire en doit bénéficier, car 1° il ne les a pas recueillis comme chose donnée, mais bien comme produits de sa chose et par la volonté du donateur (l. 9, § 1, ff., *de donat.*); 2° la révocation n'a pas d'effet rétroactif.

Pour terminer l'étude de la révocation des donations pour cause d'ingratitude, il ne nous reste plus qu'à rechercher : 1° par quelles actions le donateur peut obtenir la révocation ; 2° par qui et contre qui peuvent être exercées ces actions.

Sur le premier point, les commentateurs du droit romain ne sont pas d'accord. Les uns pensent que le donateur devrait agir au moyen d'une action *in factum*. Mais, d'après une opinion plus généralement admise, la révocation devrait être demandée par la *condictio ex lege*. Nous nous rangerons à cette dernière opinion, qui nous semble commandée par la loi unique au Digeste, *de condictione ex lege*. En effet, d'après ce texte, tous les droits introduits par une loi nouvelle doivent être sanctionnés par la *condictio ex lege*, si cette loi nouvelle n'indique pas spécialement l'action qui doit être employée ; or, il s'agit dans notre matière d'un droit établi par une loi nouvelle qui n'indique pas l'action destinée à prot r ce droit.

Ce que nous venons de dire de la *condictio ex lege* ne s'applique qu'à la révocation fondée sur les quatre premiers faits d'ingratitude. Car, dans le cas d'inexécution des conditions, la loi 2 au Code *de condictione ob causam datorum*, accordant formellement au donateur la *condictio causâ datâ causâ non secutâ*, la loi unique au Digeste, *de condictione ex lege*, ne peut plus être appliquée. Nous pensons même qu'on devrait, dans ce cas, accorder au donateur l'action *in factum præscriptis verbis*, à l'effet d'obtenir des dommages et intérêts. En effet, la donation avec charges est un contrat innommé, *do ut des*, ou *do ut facias*, suivant les circonstances, et l'on sait que, dans ces sortes de contrats, la partie qui a exécuté son obligation a le choix pour agir contre l'autre entre la *condictio causâ datâ causâ non secutâ* et l'action *in factum præscriptis verbis.*

Nous arrivons à la question de savoir si l'action en révocation des donations pour cause d'ingratitude est transmissible activement aux héritiers du donateur et passivement contre les héritiers du donataire. Quant aux héritiers du donataire, la question ne saurait être douteuse dans le sens de la négative, vu qu'on ne peut leur faire supporter la peine d'une action qu'ils n'ont pas commise. (L. 15, § 1, ff., *de soluto matrimonio.*) Quant aux héritiers du donateur, il semble qu'ils devraient pouvoir intenter l'action née au profit de leur auteur, dont le décès ne devrait pas profiter au donataire coupable. On doit cependant décider autrement; car, outre qu'il s'agit d'une action pénale fondée sur une offense personnelle, et que c'est un principe consacré dans un nombre de textes (§ 1, *Inst. de perpet. et temporal. act.*, l. 13, pr., et l. 15, § 14, ff. *de injuriis*), que les actions de cette espèce s'éteignent par la mort de la personne offensée, la loi 10, au Code *de revocandis donationibus*, contient, sur la question, une disposition formelle qui ne peut laisser place à aucun doute.

Le principe de l'intransmissibilité, au point de vue actif et au point de vue passif, de l'action en révocation, tel que nous venons de le poser, subit une exception dans le cas où cette action ayant été intentée du vivant du donateur et du donataire, il y a eu *litis contestatio*. Cette exception n'est que l'application de la loi 139 au Digeste, *de regulis juris : Omnes actiones quæ morte aut tempore pereunt semel inclusæ judicio salvæ manent.*

Ne devrait-on pas admettre une seconde exception en faveur des héritiers du donateur, dans le cas où celui-ci serait mort sans avoir eu connaissance de l'ingratitude du donataire ? Bien que cette manière de voir soit adoptée par Schneidvini (1), et s'appuie sur d'excellents motifs, nous ne croyons pas qu'elle puisse être soutenue en face du texte si formel de la loi 10, au Code *de revocandis donationibus.*

L'action en révocation fondée sur l'inexécution des conditions est-elle, comme l'action fondée sur les autres faits d'ingratitude, intransmissible aux héritiers activement et passivement? L'affirmative semble devoir être admise en raison de la généralité de la loi 10, qui ne fait aucune distinction. Cependant, Zoesius(2) enseigne que le donateur ou ses héritiers peuvent forcer le donataire ou ses héritiers à l'exécution des charges de la donation. Cette opinion nous paraît assez plausible, car la donation avec charges est en même temps un contrat innommé, *do ut des*, ou *do ut facias*, suivant les circonstances; et la loi 49, au Digeste, *de obligationibus et actionibus*, décide positivement que les actions résultant des contrats, bien qu'il existe un délit du débiteur, peuvent être exercées contre ses héritiers par les héritiers du créancier : *Ex contractibus venientes actiones in heredes dantur, licet delictum quoque versetur.*

Il résulte des développements que nous venons de donner, que l'action en révocation pour cause d'ingratitude est éteinte par la

(1) Comment. sur le § 2 *Inst. de donat.*, n° 12.
(2) *Comment. in titul. de donat.*, II., n° 101.

mort de l'une ou de l'autre des parties. Mais, à côté de ce mode d'extinction, il en existe d'autres. Ce sont : 1° l'expiration d'une année à partir du jour du délit (l. 5, Cod. *de injuriis*); 2° le pardon tacite résultant du mépris témoigné par le donateur pour l'injure qu'il a reçue (§ 12, Inst., *de injuriis*); 3° la renonciation. Le donateur peut donc renoncer au droit qu'il a de demander la révocation de la donation, et ce point ne pouvait faire doute dans le cas où les faits d'ingratitude se sont déjà produits. Mais la renonciation serait-elle possible antérieurement ? Pourrait-elle, par exemple, être faite au moment même de la donation ? La solution négative de cette question résulte de la loi 27, §§ 3 et 4, au Digeste, *de pactis*, et de cette maxime : *Servanda non sunt pacta quæ ad delinquendum incitant*. Cette solution serait encore vraie dans le cas où le donateur aurait promis, par serment, l'exécution de la donation; car le serment n'empêche pas la donation d'être affectée de cette condition tacite, si le donataire n'est pas ingrat. Mais il faudrait, selon Perezius [1], décider autrement, dans le cas où le serment s'appliquerait au fait même de la renonciation. C'est que, pourvu que l'intérêt public ne soit pas en jeu, tout fait licite de la part de celui qui le promet peut être assuré par son serment, alors même qu'il est illicite pour celui qui le stipule. Toutefois, Perezius estime que si la gravité de l'injure était telle que le donataire fût indigne de conserver les biens donnés, le donateur pourrait agir en révocation, après s'être fait relever de son serment.

(1) *In codice, titul. de revocand. donat.*, n° 10.

SECTION II.

Révocation des donations pour cause de survenance d'enfants au donateur.

Nous arrivons à la révocation des donations pour cause de survenance d'enfants. Nous diviserons l'étude de cette importante matière, en quatre parties, et nous verrons : 1° quelles sont les conditions requises pour que cette révocation puisse se produire; 2° quelles donations et quels actes sont soumis à cette révocation; 3° comment elle opère et quels en sont les effets; 4° si les donations ainsi révoquées peuvent revivre par suite de quelque événement postérieur.

Première partie.

Pour qu'une donation soit révocable pour cause de survenance d'enfants, deux conditions sont exigées par la loi 8, au Code *de revocandis donationibus*. Il faut : 1° qu'au moment de la donation, le donateur n'ait pas d'enfants et n'ait pas la pensée d'en avoir un jour; 2° qu'il lui en survienne postérieurement. Le donateur ne doit donc pas avoir d'enfants au moment de la donation; mais bien que la loi 8 emploie le mot *enfant* au pluriel, *filios non habens*, il est évident que l'existence d'un seul enfant serait un obstacle à la révocation. C'est ce qu'explique très bien Gaius, dans la loi 148, au Digeste, *de verborum significatione : Non est sine liberis, cui vel unus filius unave filia est : hæc enim enunciatio, habet liberos, non habet liberos, semper plurativo numero profertur.* La première condition de la révocation étant ainsi posée, quel en est le motif? D'après Perezius [1] et Zoesius [2],

(1) *In codice, titul. de revocand. donat.*, n° 13.
(2) *Comment. in titul. de donat.*, II, n° 107.

dont l'opinion nous semble devoir être suivie, ce motif serait le suivant : Personne ne peut être présumé vouloir préférer des étrangers à ses enfants. Aussi, lorsqu'un individu sans enfants fait une donation, est-il plus que probable qu'il ne la fait pas en pleine connaissance de cause, et que s'il pensait aux enfants qui doivent lui survenir plus tard, il agirait autrement. Cette donation doit donc être affectée de cette condition résolutoire tacite : *si liberi nascuntur.* Au contraire, lorsque le donateur a déjà des enfants ou a pensé à ceux qui pourraient lui survenir, il n'est plus permis de présumer qu'il a voulu les préférer au donataire. La donation doit donc être irrévocable, pourvu toutefois qu'elle n'entame pas la légitime.

Lorsque nous disons que le donateur ne doit pas avoir d'enfants au moment de la donation, nous voulons, bien entendu, parler d'enfants légitimes; car il est certain que la présence d'enfants naturels, pour lesquels il n'a ou du moins ne doit être légalement présumé avoir qu'une affection très limitée, n'empêche pas de présumer qu'il n'aurait pas donné s'il avait eu des enfants légitimes. Nous devons, par les mêmes motifs, donner la même solution à l'égard des enfants adoptifs.

A côté des explications que nous venons de donner sur le principe et le fondement de la loi *Si unquàm*, se place naturellement la question de savoir si le donateur peut renoncer d'avance au bénéfice de cette loi. En présence des principes que nous avons posés, la solution affirmative ne peut faire doute. Car la présomption que le donateur n'aurait pas donné s'il avait pensé avoir des enfants, fait complétement défaut. Ajoutons que la révocation a lieu dans l'intérêt du père, qui peut disposer à son gré des biens rentrés dans son patrimoine, et qu'il est de principe que chacun peut renoncer à un bénéfice introduit en sa faveur. (Tiraq. *ad. leg. Si unq.*, *præfat.*, n° 87.) Ce motif prouve en même temps que l'enfant dont la naissance a révoqué la donation, ne pourrait par sa renonciation paralyser les effets de cette révocation. (Tiraq., *loc. dict.*, nº 95.) Tiraqueau estime toutefois que si la renonciation dont nous venons de parler avait été faite du vivant du père, et que celui-ci eût laissé le donataire en possession, l'enfant ne pourrait évincer ce dernier après la mort de son père. Remarquons en terminant que les effets possibles de la renonciation au bénéfice de la loi *Si unquàm* ne peuvent se produire dans le cas où cette renonciation serait frauduleuse. Car, ainsi que le remarque Tiraqueau (*loc. dict.*, nº 97), la fraude et le dol font exception à tout.

La donation émanant d'une personne qui a des enfants ne tombe pas, nous venons de le voir, sous l'application de la loi *Si unquàm*. Cependant, même dans cette hypothèse, il y aurait de graves raisons de douter si le donateur ignorait, par suite d'une erreur invincible, l'existence de ses enfants. Il faut décider que la donation n'est pas révocable, si l'on s'attache au texte de la loi : *Filios non habens.* Mais si l'on en recherche l'esprit, il faudra, suivant l'opinion de Tiraqueau (Vº *filios non habens*, nº 15, *ad leg. Si unq.*), admettre la solution contraire, par ce motif que la donation est le résultat de l'erreur dans laquelle se trouvait le donateur.

Une autre question est celle de savoir si l'existence d'un enfant émancipé, à l'époque de la donation, doit être assimilée à l'existence d'un enfant non émancipé. La question aurait pu faire doute si on avait dû la résoudre d'après les principes de l'ancien droit civil, qui considérait l'enfant émancipé comme étranger à sa famille et lui enlevait tout droit de succession. (*Inst., de hereditat. quæ ab intestat. defer.*, § 9.) Mais à l'époque de Constantin, duquel émane la loi *Si unquàm*, il ne peut être douteux que la présence d'un enfant émancipé au moment de la donation fût suffisante pour la rendre irrévocable. Car depuis longtemps le droit prétorien, confirmé ensuite par les constitutions impériales, avait fait rentrer les enfants émancipés dans leur famille naturelle au moyen de la *bonorum possessio undè liberi.* D'un autre côté, la loi *Si unquàm,* nous l'avons vu, a son fondement dans la tendresse paternelle et dans les liens du sang, que l'émancipation ne peut faire disparaître.

Nous arrivons à la seconde condition requise pour l'application de la loi *Si unquàm,* la survenance d'un enfant postérieurement à la donation. Disons tout d'abord que, malgré les termes de la loi 8, qui emploie le mot enfant au pluriel : *posteà liberos susceperit,* il suffit, par les mêmes raisons que nous avons données plus haut, qu'il survienne au donateur un seul enfant légitime, quel qu'en soit d'ailleurs le sexe. Mais à côté des enfants légitimes, il en est d'autres, tels que les enfants naturels, légitimés et adoptifs. La survenance de pareils enfants peut-elle révoquer une donation ? C'est ce que nous allons voir en examinant successivement chacune des hypothèses que nous venons de prévoir.

1° *Enfants naturels.* Pour déterminer les effets de la naissance des enfants naturels relativement à la révocation des donations, il faut distinguer entre les donations qui émanent du père et celles qui émanent de la mère. Quant aux premières, elle ne produit aucun effet. C'est que le père naturel n'éprouve pas pour son enfant la même tendresse que le père légitime, et que s'il l'éprouve, la loi doit, dans l'intérêt des bonnes mœurs, établir une présomption contraire. On doit donc présumer qu'il aurait également donné quand même il aurait pensé à l'enfant naturel qui lui est survenu plus tard ; d'où cette conséquence qu'étant réputé avoir agi en parfaite connaissance de cause, il ne peut invoquer le bénéfice de la loi *Si unquàm.* Zoesius [1] pense cependant que la donation serait révoquée jusqu'à concurrence de la portion pour laquelle l'enfant naturel succède *ab intestat* à son père.

(1) *Comment. in titul. de donat*, II, n° 111.

A l'inverse des donations faites par le père, celles qui émanent de la mère sont révoquées par la naissance d'un enfant naturel. Cette différence, singulière au premier abord, n'a plus rien d'extraordinaire, lorsqu'on se reporte aux principes. En effet, à l'égard de la mère, la filiation des enfants naturels, nés d'un concubinat ou même vulgairement conçus, étant tout aussi certaine que celle des enfants légitimes, aucune différence ne pouvait être établie entre eux. Les uns comme les autres étaient donc appelés à sa succession pour des parts égales, pouvaient user de la *querela inofficiosi testamenti* pour protéger leur légitime, et devaient par conséquent donner lieu à l'application de la loi *Si unquàm* sans aucune distinction.

2° *Enfants légitimés.* La légitimation d'un enfant naturel ne révoque pas la donation consentie par son père, lorsqu'elle a lieu par rescrit du prince. C'est que les rescrits intervenus en pareille matière ne concernent que l'intérêt privé et ne peuvent par conséquent porter atteinte aux droits du donataire, qui est un tiers. La solution ne serait plus la même dans le cas où la légitimation s'opérerait par mariage subséquent, car cette espèce de légitimation, conférant aux enfants qui en sont l'objet les mêmes droits que s'ils étaient légitimes, doit produire relativement à la révocation des donations les mêmes effets que la naissance d'un enfant légitime. Tiraqueau [1] n'adopte l'opinion que nous venons de reproduire que sous le bénéfice d'une distinction entre le cas où l'enfant légitimé est né avant la donation et celui où il est né après. Dans le premier cas, la légitimation ne devrait pas nuire au donataire, parce que le mariage parait contracté en fraude de ses droits, et que le donateur ayant un enfant naturel au moment de la donation, devait penser à la possibilité de le légitimer. L'opinion contraire, adoptée par Zoesius [2], nous parait préférable, car, d'un

(1) *Ad leg. Si unq.*, v° *Susceperit liberos*, nos 71 et 100.
(2) *Comment. in titul. de donat.*, II, n° 113.

côté, s'il était vrai que le donateur devait penser à la possibilité de légitimer ses enfants naturels, on devrait décider, contrairement à l'opinion de Tiraqueau lui-même, que l'existence de ces enfants à l'époque de la donation est un obstacle à sa révocation. D'un autre côté, l'argument qui consiste à dire que le mariage du donateur paraît contracté en fraude des droits du donataire, est loin d'être concluant dans l'espèce. Car on ne peut jamais faire fraude au préjudice de quelqu'un lorsqu'on use de son droit : *Nemo fraudare videtur qui jure suo utitur;* et ensuite, pour qu'un acte ne puisse pas produire en droit ses effets ordinaires, il ne suffit pas que la fraude soit vraisemblable, il faut qu'elle soit évidente. Aussi pensons-nous que la légitimation, même par mariage subséquent, ne devrait porter aucune atteinte aux droits du donataire, si elle avait eu lieu frauduleusement.

3° *Enfants adoptifs.* L'adoption n'opère pas la révocation des donations consenties par l'adoptant. Cette solution, adoptée par le plus grand nombre des auteurs, nous semble reposer sur d'excellents motifs, que nous allons exposer : 1° Si l'on admettait que l'adoption donne lieu à l'application de la loi *Si unquàm,* on arriverait à ce résultat, contraire à tous les principes, que les donations émanant d'une personne sans enfant seraient révocables selon le bon vouloir de cette personne. (L. 17, § 1, ff, *de adopt.*) 2° La donation faite par une personne sans enfant est affectée de cette condition tacite *si sinè liberis decesserit;* or il résulte de la loi 76, ff, *de condit. et demonstr.*, que l'adoption d'un enfant ne fait pas défaillir cette condition. 3° Les enfants adoptifs n'inspirent pas à l'adoptant l'affection qui est le fondement de la loi *Si unquàm.*

Le retour d'un enfant que le donateur croyait mort lorsqu'il a consenti la donation, opérerait-il la révocation de cette donation? Tiraqueau (*ad leg. Si unq.*, v° *Filios non habens*, n° 15) adopte sans hésitation l'affirmative. Nous nous rangeons à cette opinion, l'espèce prévue nous paraissant présenter la plus parfaite analogie avec le cas où il survient des enfants au donateur qui n'en avait pas au moment de la donation.

Dans les différentes hypothèses que nous venons d'examiner, nous avons vu des donations révoquées par la naissance d'un enfant du donateur. Nous devons maintenant nous occuper d'une hypothèse dans laquelle la révocation se trouve opérée par la naissance d'un enfant du donataire. Il faut, pour que ce cas se présente, supposer que, suivant la loi 3, au Code *de donationibus sub modo*, un père a donné à son fils sans enfants, avec charge de rendre à un tiers. Dans cette hypothèse, Zoesius (1) décide que s'il survient un enfant au donataire, celui-ci se trouvera par là déchargé de l'obligation de rendre. Car, dit-il, si le donateur a préféré le tiers fidéicommissaire aux héritiers quelconques de son fils, on ne peut pas présumer qu'il a voulu préférer ce tiers à ses petits-enfants. Les lois 102, au Digeste, *de conditionibus et demonstrationibus*, et 30 au Code, *de fideicommissis*, fournissent, du reste, dans le sens de Zoesius, un très puissant argument d'analogie, puisqu'elles donnent la même décision que cet auteur dans le cas où les droits du fils et du fidéicommissaire, au lieu de résulter d'une donation, ont leur principe dans des dispositions testamentaires.

Pour en finir avec les conditions requises pour l'application de la loi *Si unquàm*, remarquons qu'il importe peu de savoir si au moment de la donation, le donateur était ou n'était pas marié, et si c'est de la femme qu'il avait à cette époque ou d'une autre que sont nés les enfants qui lui surviennent postérieurement.

(1) *Comment. in titul. de donat.*, II, n° 120.

Deuxième partie.

Quelles donations et quels actes sont révocables pour cause de survenance d'enfants.

La loi *Si unquàm* suppose que les donations dont elle prononce la révocation, ont été faites par un patron au profit de son affranchi. De là est née la fameuse question de savoir si cette loi s'appliquerait aux donations émanant d'une personne autre qu'un patron. Tiraqueau, Cujas et Ricard tiennent pour l'affirmative, pour les motifs suivants : 1° Le fondement de la loi *Si unquàm*, à savoir que le donateur n'aurait pas donné s'il avait su qu'il aurait des enfants, s'applique aussi bien à une donation quelconque qu'à la donation faite par un patron à son affranchi. La solution doit donc être la même dans les deux cas : *Ubi eadem ratio, ibi et idem jus esse debet.* 2° Si la révocation a lieu entre personnes unies par des liens d'affection, comme le patron et l'affranchi, elle doit, à plus forte raison, se produire entre personnes étrangères. 3° Si la loi 8 ne parle que des donations faites par un patron, ce n'est pas dans le but d'établir une distinction, mais bien dans le but de statuer sur l'hypothèse qui se présente le plus souvent en pratique. La loi 13, lib. II, tit. 14, *legis Longobardorum* (1), portée au commencement du sixième siècle par Rhotaris, roi des Lombards, décide formellement que toutes les donations sont soumises à la révocation pour cause de survenance d'enfants ; ce qui prouve que, depuis les temps les plus

(1) « Si quis desperaverit propter senectutem, aut aliquam corporis infirmitatem, quòd filios non possit habere, et res suas alii thingaverit, posteàque cum contigerit filios legitimos procreare, omne thinx, quod est donatio quæ priùs facta est, rumpatur, et filii legitimi, unus aut plures, qui posteà nati fuerint, heredes patri in omnibus succedant. »

reculés, la loi *Si unquàm* a toujours été entendue dans un sens général et n'a jamais été restreinte aux donations émanant d'un patron.

Le système que nous venons d'exposer ne nous semble pas admissible, quelque respect que nous devions avoir pour les auteurs qui le soutiennent, et nous préférons suivre l'opinion contraire, adoptée par Donneau, Voët et Vinnius, les motifs mis en avant par ces derniers nous paraissant décisifs. En effet, 1° la loi 8 est formelle. Elle ne parle que des donations faites par un patron et garde à l'égard de toutes autres donations un silence qui est d'autant plus significatif que la loi 10, relative à la révocation pour cause d'ingratitude, soumet à cette révocation par des termes formels toute espèce de donations : *omnes donationes.* 2° L'argument *à fortiori*, invoqué dans le premier système et qui consiste à dire que si la révocation a lieu entre personnes unies par des liens d'affection, comme le patron et l'affranchi, elle doit à plus forte raison se produire entre personnes étrangères, ne nous semble pas concluant. Nous pensons, au contraire, qu'il y a de très bons motifs pour distinguer entre ces deux hypothèses. En effet, si l'affranchi, qui a reçu de son patron le bienfait inestimable de la liberté, ne peut se plaindre de se voir sacrifier aux enfants de son bienfaiteur, il n'en est pas de même d'un donataire étranger. 3° Il résulte d'un passage de saint Augustin (serm. II, *de vitâ clericorum*), qu'à l'époque de ce grand homme, bien postérieure à la loi *Si unquàm*, les donations faites par des patrons à leurs affranchis étaient seules considérées comme révocables pour cause de survenance d'enfants. Dans le passage dont nous venons de parler, il est rapporté qu'un individu sans enfants ayant fait une donation de tous ses biens à l'Eglise avec réserve d'usufruit, et un enfant lui étant survenu plus tard, Aurélius, évêque de Carthage, lui rendit tous ses biens quoiqu'il n'y fût pas forcé par le droit civil. *Reddidit ea episco-*

pus quæ ille donaverat : in potestate habebat episcopus non reddere sed jure fori, non jure poli. Ces paroles ont d'autant plus de poids que les écrits de celui dont elles émanent prouvent qu'il n'était point étranger aux matières du droit civil.

Passons au point de savoir quelle doit être la quotité d'une donation pour qu'elle tombe sous l'application de la loi *Si unquàm.* D'après le texte de cette loi, *bona omnia vel partem*, le donateur doit s'être dépouillé de tous ses biens ou d'une portion telle qu'on puisse présumer qu'il aurait agi autrement s'il avait eu des enfants. Mais quelle doit être cette portion? Sur ce point on n'est pas d'accord. Les uns veulent qu'elle soit de moitié, les autres du tiers, les autres du quart. Tiraqueau (1) et Zoesius (2), dont l'opinion nous semble seule admissible, veulent que ce soit là une question de fait abandonnée à l'appréciation du juge. Quel que soit, du reste, le système auquel on s'arrête dans cette controverse, trois questions importantes se présentent :

1° La donation d'un objet particulier est-elle révocable si la valeur de cet objet atteint le taux fixé pour que la révocation soit possible?

2° Y a-t-il lieu à révocation dans le cas où plusieurs donations considérées isolément sont inférieures à ce taux, mais le surpassent par leur réunion?

3° A quelle époque faut-il se reporter pour considérer la valeur des choses données relativement à la fortune totale du donateur?

Examinons chacune de ces trois questions.

Première question. — Tiraqueau (3), dont nous suivrons le sentiment, pense que la donation d'un objet particulier est révo-

(1) *Ad leg. Si unq.*, v° *Omnia vel partem*, n° 28.
(2) *Comment. in titul. de donat.*, ff, n° 123.
(3) *Ad leg. Si unq.*, v° *Omnia vel partem*, n°s 1 et suiv.

cable comme la donation d'une universalité, si elle est considérable relativement à la fortune du disposant. En effet, les mots *aliquam partem* de la loi 8 peuvent très bien s'entendre des choses particulières qui composent l'universalité. D'un autre côté, on ne voit pas pourquoi on ne prononcerait pas la révocation, puisque si l'objet donné est d'une valeur considérable, on peut dire de lui comme d'une universalité, que le donateur ne s'en serait pas dessaisi s'il avait eu des enfants.

Deuxième question. — Lorsque plusieurs donations, considérées isolément, n'atteignent pas un taux assez élevé pour être sujettes à la révocation, et sont pourtant égales ou même supérieures à ce taux par leur réunion, sont-elles révocables pour cause de survenance d'enfants, et dans le cas où l'on admettrait l'affirmative, la révocation devrait-elle s'appliquer à toutes ces donations, ou seulement à quelques-unes d'entre elles? Selon certains commentateurs, toutes les donations devraient être révoquées. En effet, disent-ils, il n'existe aucun motif de distinguer entre les unes et les autres. Ensuite, si on ne les révoquait pas toutes, ce serait donner beau jeu à la fraude du disposant, qui, en faisant de nouvelles libéralités, pourrait porter atteinte aux premières. Cette manière de voir est rejetée avec raison par Tiraqueau (1). Suivant ce jurisconsulte, les dernières donations, par suite desquelles le donateur s'est trouvé dépouillé de valeurs assez considérables pour qu'il soit nécessaire de prononcer la révocation, doivent seules être révoquées. En effet, toutes les donations antérieures sont telles que le donateur les aurait également faites s'il avait eu des enfants. Elles ont donc été dès le principe irrévocables, et il n'est pas admissible que celles qui surviennent postérieurement puissent porter atteinte à leur existence. Quant à l'argument du premier système, qui reproche à

(1) *Ad leg. Si unq.*, v° *Omnia vel partem*, n° 34.

l'opinion de Tiraqueau de donner toute facilité au donateur pour faire fraude aux droits des premiers donataires, il est sans valeur; car, lorsque le donateur dispose de ses biens, il ne fait qu'user de son droit; or, tout le monde connaît la maxime : *Nemo fraudare videtur qui jure suo utitur.*

Troisième question. — C'est évidemment au temps de la donation qu'il faut se reporter lorsqu'on veut considérer si la valeur des choses données est ou n'est pas assez considérable relativement à la fortune du disposant, pour qu'elle puisse être révoquée. Les augmentations ou les diminutions que cette fortune pourra subir postérieurement seront donc sans influence. On voit par là qu'il en est pour la matière qui nous occupe autrement que pour la *querela inofficiosæ donationis*, puisque dans ce dernier cas la fortune du donateur s'apprécie au moment de son décès. Le motif de cette différence est facile à comprendre; car les augmentations ou les diminutions qui peuvent survenir dans l'avoir du donateur ne peuvent changer la base de la loi *Si unquàm*, qui consiste à savoir si le donateur aurait également donné s'il avait eu des enfants.

Les donations rémunératoires sont-elles révocables pour cause de survenance d'enfants? Nous ne pouvons que renvoyer aux explications que nous avons données au sujet de la révocation de ces donations pour cause d'ingratitude.

Les donations mutuelles ne sont pas révocables. C'est qu'elles constituent à proprement parler des échanges. La preuve que les jurisconsultes romains les considéraient ainsi, se trouve dans nombre de textes et surtout dans la loi 7, § 2 (au Digeste, *de donationibus inter virum et uxorem*), qui permet aux époux de se faire des donations mutuelles, bien que les autres donations leur soient prohibées. Mais, pour qu'il en soit ainsi que nous venons de le dire, il faut que les deux donations soient égales; car, si elles étaient inégales, l'excédant deviendrait une véritable donation, qui par conséquent serait révocable (1). Une égalité approximative nous paraîtrait, du reste, suffisante.

Une donation qui présente de l'analogie avec la précédente, est la donation réciproque, dans laquelle il est stipulé que l'une des parties bénéficiera d'après un événement incertain, comme la survie de l'une ou l'autre d'entre elles. Une pareille libéralité ne tomberait pas sous l'application de la loi *Si unquàm;* car le donataire ne bénéficiant pas *ex causâ lucrativâ*, il y a un contrat aléatoire plutôt qu'une véritable donation. Tiraqueau (2) en conclut que la donation dont nous venons de parler ne pourrait être attaquée par la *querela inofficiosæ donationis*, ne serait pas prohibée entre époux, et serait exempte de la formalité de l'insinuation, alors même qu'elle excéderait cinq cents solides. Mais il n'en peut être ainsi qu'à la condition qu'il y ait en réalité de l'incertitude dans l'événement duquel doit résulter un bénéfice pour l'une des parties.

La donation pour cause de dot est-elle révocable pour cause de survenance d'enfants? D'abord, pour que la question puisse se présenter, il faut supposer que la donation vient d'un étranger; car si elle émanait du père de la femme, l'impossibilité de la révocation viendrait de ce que le donateur avait un enfant au moment de la donation, contrairement à la loi 8. La question étant ainsi dégagée, les auteurs ne sont pas d'accord sur la solution à lui donner. Zoesius (3) et Perezius (4) pensent que la donation pour cause de dot n'est pas révocable, parce qu'elle a été faite pour aider le mari à supporter les charges du mariage, qu'il n'aurait pas contracté s'il n'avait pas reçu de dot. Tiraqueau (5)

(1) Tiraq., *ad leg. Si unq.*, v° *Donatione*, n° 122.
(2) *Ad leg. Si unq.*, v° *Donatione*, n° 126.
(3) *Comment. in titul. de donat.*, ff, n° 132.
(4) *In codice titul. de revocand. donat.*, n° 24.
(5) *Ad leg. Si unq.*, v° *Donatione*, n° 240.

pense, au contraire, que la loi *Si unquàm* doit recevoir son application dans l'espèce qui nous occupe. La raison en est, selon cet auteur, que l'étranger qui a constitué une dot, ayant agi librement, a fait une véritable libéralité. Nous avons déjà montré, en étudiant la révocation pour cause d'ingratitude, que cet argument reposait sur un principe faux. En effet, pour qu'il y ait une véritable libéralité, il faut non-seulement qu'une disposition ait été faite librement, mais encore qu'elle n'impose aucune charge à celui qui en bénéficie. Nous croyons donc devoir nous ranger à l'opinion de Zoesius et de Perezius.

Passons aux donations entre époux pendant le mariage. Nous ne croyons pas qu'elles soient soumises à la loi *Si unquàm;* car ces donations, on le sait, sont révocables *ad nutum* et ne sont définitivement confirmées que par la mort du donateur. Or, il résulte du mot *revertatur*, contenu dans la loi 8, que cette loi ne peut s'appliquer qu'à une donation qui transfère au donataire un droit de propriété immédiat et irrévocable. (Tiraqueau, *ad leg. Si unq.*, v° *Libertis*, n° 112.) Ajoutons à ce motif que la loi *Si unquàm* est, comme la *querela inofficiosi testamenti* (§ 2 *Inst.*, *de inoff. testament.*), un remède extraordinaire dont on ne doit user que lorsqu'on n'a pas d'autre moyen de parvenir au but auquel on tend. Or, dans le cas de donation entre époux, le donateur auquel il survient un enfant peut révoquer la donation par sa seule volonté ; il serait donc superflu de l'autoriser à invoquer la loi *Si unquàm*.

On s'est demandé si la donation faite par un père à son fils unique serait révoquée par la survenance d'autres enfants. Sur ce point, il est tout d'abord évident que la donation devrait être révoquée jusqu'à concurrence des valeurs nécessaires pour assurer la légitime des enfants derniers venus. (L. 5, Cod. *de inoff. testament.*) Mais Tiraqueau (1), suivi en cela par d'autres auteurs,

(1) *Ad leg. Si unq.*, v° *Libertis*, n° 75.

est allé plus loin, et il a prétendu que la donation devait être révoquée jusqu'à concurrence des parts viriles de ces enfants, par ce motif que leur père aurait donné ces parts en moins à leur aîné s'il avait pu prévoir leur naissance. Cette solution ne nous semble pas admissible, car, quelque effort qu'on puisse faire pour la soutenir, on vient toujours échouer devant le texte formel de la loi 8, qui exige, pour que la donation soit révocable, que le donateur n'ait eu aucun enfant au moment où il l'a consentie.

Nous devons, maintenant, nous occuper de la question de savoir si certains actes, qui sans être des donations diminuent pourtant le patrimoine de leur auteur, sont soumis à la révocation pour cause de survenance d'enfants. Au premier rang parmi ces actes, se place la vente faite pour un prix ridiculement inférieur à la valeur réelle de la chose vendue. Une pareille vente doit évidemment, quant à la révocation comme sous tous les autres points de vue, être assimilée à une donation (l. 38, ff, *de contrahend. empt.*, et l. 5, § 5, ff, *de donat. int. vir. et uxor.*), sauf le droit de l'acheteur de répéter le prix qu'il a payé, ou de conserver une portion de la chose vendue, d'une valeur correspondante à ce prix. Tout ce que nous venons de dire n'est toutefois vrai que dans le cas où le disposant a eu l'intention de donner, car s'il avait sérieusement voulu vendre, la vente serait irrévocable, à moins qu'une lésion d'outre moitié ne l'autorisât à en demander la rescision. Néanmoins Tiraqueau (1) est d'avis que dans tous les cas la vente doit être révoquée pour cause de survenance d'enfants, jusqu'à concurrence de l'excédant de valeur de la chose vendue sur le prix. En effet, dit-il, la *querela inofficiosæ donationis* serait possible dans ces limites; par conséquent, l'action en révocation doit l'être également.

(1) *Ad leg. Si unq.*, v° *Donatione*, n° 6.

Cette manière de voir nous paraît erronée, car, en matière de *querela inofficiosæ donationis*, toute la question est de savoir si le donateur a eu réalité disposé à titre gratuit au préjudice de ses héritiers légitimaires. Au contraire, lorsqu'on se demande si un acte à titre gratuit est ou n'est pas révocable pour cause de survenance d'enfants, il s'agit uniquement de savoir si dans le cas où il aurait eu des enfants, le disposant aurait ou n'aurait pas fait cet acte; or, dans le cas de vente à vil prix par une personne sans enfants, avec l'intention de vendre et non de donner, il est évident que cette personne n'aurait pas agi autrement si elle avait eu des enfants. On est donc forcé de décider qu'il n'y a pas de révocation possible.

Si un fils sans enfants a renoncé à la succession de son père, peut-il, s'il lui survient des enfants, revenir sur cette renonciation? L'affirmative, enseignée par Perezius (1), nous semble pouvoir être admise ; car celui qui renonce à une succession, fait en réalité une donation à ses cohéritiers, et il est à présumer qu'il n'aurait pas fait cette donation s'il avait eu des enfants. Mais il faudrait décider autrement, si la renonciation était contenue dans le contrat de mariage de son auteur; car alors on devrait supposer que celui-ci a pensé à la possibilité d'avoir des enfants, et la loi *Si unquàm* se trouverait ainsi inapplicable.

Ce que nous avons dit de la renonciation à une succession, serait vrai de la renonciation à un droit dérivant d'une autre source. Il faudrait, toutefois, distinguer entre le cas où ce droit était à acquérir, et celui où il était acquis. Dans le premier cas, la renonciation est irrévocable par ce motif qu'elle ne fait éprouver aucune perte au renonçant et ne diminue pas son patrimoine ; ce qui est si vrai que, même dans le cas où elle serait frauduleuse, elle ne pourrait pas être attaquée au moyen de l'action pau-

(1) *In codice, titul. de revocand. donat.*, n° 25.

lienne. (L. 6, pr. ff., *quæ in fraudem creditorum.*) Dans le second cas, la renonciation est révocable pour cause de survenance d'enfants, parce qu'elle diminue le patrimoine du renonçant ; mais encore faut-il, pour qu'il en soit ainsi, que le droit auquel elle s'est appliquée soit liquide. En effet, s'il pouvait y avoir matière à procès, la révocation de la renonciation ne devrait pas être prononcée, parce qu'il y aurait plutôt une transaction qu'une libéralité. (Argum. d'analogie, tiré de la loi 3, § 1, ff, *quæ in fraudem creditorum.*)

L'adoption ne serait pas révocable d'après la loi *Si unquàm*, en cas de survenance d'enfants à l'adoptant. Cette solution résulte nécessairement de la loi 5, au Code *de suis et legitimis*, qui déclare que les enfants adoptifs sont appelés à la succession *ab intestat* de l'adoptant en concours avec ses enfants légitimes nés soit avant, soit après l'adoption.

La légitimation d'un enfant naturel par mariage subséquent ne serait, pas plus que l'adoption, révoquée par la survenance d'un enfant légitime, vu que la loi 10, au Code *de naturalibus liberis*, contient une disposition formelle à cet égard.

Quant à la légitimation par rescrit du prince ou par oblation à la curie, la question peut faire difficulté. Suivant l'opinion générale (1), cette légitimation n'est pas révoquée par la survenance d'enfants. A l'appui de cette thèse, on fait les arguments suivants : 1° La légitimation est, pour les enfants qui en ont été l'objet, un droit acquis qui ne peut leur être enlevé, par quelque cause que ce soit, sans une disposition formelle de la loi que, dans l'espèce, on ne trouve nulle part. 2° Si la légitimation était révoquée, l'on arriverait à ce résultat, qu'un enfant serait illégitime après avoir été légitime. Or, la légitimité, comme la liberté, ne peut être accordée pour un temps. (Lois 33 et 34, ff, *de manumiss. testament.*)

(1) Tiraq., *ad leg. Si unq.*, v° *Donatione*, n° 277.

3° La légitimation par rescrit du prince ou par oblation à la curie n'est, dans la réalité des choses, qu'une sorte d'adoption plus respectable et plus favorable encore que l'adoption proprement dite, en raison des liens qui unissaient, dès le principe, le père et l'enfant naturel. 4° Il n'y a pas de raison de distinguer entre la légitimation par mariage subséquent et la légitimation par rescrit du prince ou oblation à la curie. 5° On s'appuie enfin sur la loi 77, au Digeste, *de regulis juris.* Si la légitimation était révoquée, ce serait en vertu d'une condition tacite ; or, aux termes de la loi précitée, la légitimation étant un *actus legitimus,* ne peut être affectée d'une condition. Nous n'invoquerons pas ce dernier argument, parce qu'il nous semble défectueux. En effet, si les actes légitimes ne peuvent dépendre d'une condition expresse, ils peuvent, de l'avis de tous, être affectés d'une condition tacite.

Terminons notre énumération par les affranchissements. Nous ne pensons pas que la loi 8 leur soit applicable et qu'ils puissent être révoqués pour cause de survenance d'enfants ; car, même à l'égard des enfants légitimes, les affranchissements sont plus favorables que la légitimation, puisque l'existence de ces enfants, bien qu'elle soit un obstacle à la légitimation (Novel. 74, chap. 1), n'empêche pas les affranchissements (l. 8, § 17, et l. 9, ff, *de inoff. testament.*) ; or, la légitimation n'est pas révocable, ainsi que nous l'avons vu ; les affranchissements ne doivent donc pas l'être, à plus forte raison. Ajoutons que la révocation résultant de la *querela inofficiosæ donationis,* bien plus favorisée, en toute circonstance, que la révocation pour cause de survenance d'enfants, ne peut porter atteinte aux affranchissements. (L. 8, § 9, *de inoff. testam.*) Remarquons, enfin, que la faveur de la liberté, qui, en maintes circonstances, a fait déroger au droit commun (§ 4, *Inst., de donat.* ; l. 24, § 10, ff, *de fideicom. libert.* ; l. 106, ff, *de reg. jur.*), doit, à plus forte raison, nous faire rentrer sous l'empire de ce droit qui veut, en principe, l'irrévocabilité des affranchissements.

Troisième partie.

Comment opère la révocation des donations pour cause de survenance d'enfants, et quels en sont les effets.

On n'est pas d'accord sur le point de savoir si la révocation des donations par suite de survenance d'enfants se produit *ipso jure*, ou si elle doit être demandée en justice par une *condictio ob causam*. Toute la difficulté roule sur le sens à donner au mot *revertatur* de la loi 8. Dans le sens de la révocation que, dans le langage moderne, nous appellerions révocation judiciaire, on prétend que ce mot, se rapportant à un temps futur, exprime par là même la nécessité d'une sentence du juge. L'on remarque aussi que la question fait au moins doute, et que, comme il s'agit d'une disposition pénale, il faut l'interpréter dans le sens le plus favorable au donataire.

Cet argument n'est pas sérieux, car en matière de révocation pour cause de survenance d'enfants, il ne s'agit pas, comme en cas d'ingratitude, d'appliquer une peine, mais bien de rechercher les effets d'une condition résolutoire. Nous pensons donc que la révocation doit avoir lieu *ipso jure*, et voici, ce nous semble, les raisons de décider ainsi : 1° Le mot *revertatur*, dans le langage du droit, ainsi que cela résulte de la loi 6 *principium*, au Digeste, *de divisione rerum*, s'entend d'un effet produit par la loi elle-même, sans l'intervention de l'homme ; 2° les mots *in ejusdem donatoris arbitrio mansurum* seraient inexplicables, s'il fallait une nouvelle tradition des objets donnés, laquelle tradition serait pourtant nécessaire dans le système de la révocation judiciaire.

Le principe de la révocation *ipso jure* étant ainsi établi, il nous faut en examiner les effets, soit quant à la restitution des objets donnés et des fruits produits par ces objets, soit à l'égard des tiers.

Une fois la donation révoquée, le donataire doit restituer tous les objets qu'il a reçus du donateur, sauf le cas où ils auraient péri par suite de quelque événement fortuit. Cette exception n'est formulée dans aucun texte, mais elle résulte des principes généraux. En effet, le donataire, du jour de la naissance de l'enfant du donateur, se trouve débiteur d'un corps certain. Il peut donc invoquer la maxime : *Debitor certæ rei hujus rei interitu liberatur.* Quant à la restitution des fruits, il faut distinguer entre l'époque qui précède la naissance de l'enfant et celle qui la suit. Les fruits perçus dans la première période restent au donataire; car le donateur ne doit reprendre que ce qu'il a donné et ce qui est sorti de son patrimoine; or, les fruits dont nous parlons n'ont jamais fait partie de son patrimoine, et le donataire les a perçus comme produits de sa chose.

Relativement aux fruits perçus dans la seconde période, la solution à donner varie suivant que l'on admet que la révocation est judiciaire ou qu'elle a lieu *ipso jure*. Dans le premier système, le donataire restant propriétaire jusqu'au moment où le donateur intente la *condictio ob causam,* doit conserver tous les fruits jusqu'à cette époque. Dans le second système, que nous avons adopté, le donataire, cessant d'être propriétaire du jour de la naissance de l'enfant du donateur, doit restituer tous les fruits du jour de cette naissance, à moins que, l'ayant ignorée, il puisse en bénéficier comme possesseur de bonne foi.

La révocation pour cause de survenance d'enfants, à l'inverse de la révocation pour cause d'ingratitude, a effet contre les tiers acquéreurs du donataire, sauf leur recours contre ce dernier. Tous les droits réels qu'il a consentis sont résolus, parce que la révocation procédant de l'accomplissement d'une condition résolutoire tacite, c'est le cas d'appliquer la maxime : *Resoluto jure dantis, resolvitur etiam jus accipientis.*

Quatrième partie.

Si les donations révoquées pour cause de survenance d'enfants peuvent revivre par suite de quelque événement postérieur.

Indépendamment de la renonciation du donateur, dont nous avons déjà parlé, il est d'autres événements qui peuvent faire revivre les donations révoquées pour cause de survenance d'enfants. Au premier rang se place la prescription.

Lorsque après la naissance des enfants qui a opéré la révocation, le donataire reste en possession des objets donnés, rien ne s'oppose à ce qu'il en devienne propriétaire par la prescription. On ne peut, en effet, dire qu'il est de mauvaise foi pour n'avoir pas remis la possession des choses données au donateur, qui ne la lui réclamait pas. Mais la question difficile est de savoir par quel laps de temps s'effectuera la prescription. L'analogie qui existe d'une part entre la révocation pour cause de survenance d'enfants, et d'autre part entre la *querela inofficiosæ donationis* et la *querela inofficiosi testamenti*, semblerait devoir faire décider que dans le premier cas, comme dans les deux derniers, la prescription doit s'accomplir par cinq ans (Code, l. 16, *de inoff. testam.*, et l. 9, *de inoff. donat.*) Tiraqueau (1) pense cependant que l'analogie ne suffit pas pour donner une solution aussi importante, et il décide que la prescription doit, d'après les principes généraux, s'accomplir par trente ans.

On s'est demandé si le décès de l'enfant dont la naissance a révoqué la donation, la ferait revivre. Il semble qu'on doive admettre l'affirmative, par ce motif que la cause de la révocation cessant,

(1) *Ad leg. Si unq.*, v° *Revertatur*, n° 396.

la révocation elle-même doit aussi disparaître parce qu'elle n'a plus de raison d'être : *Cessante causâ, cessat effectus.* On est encore tenté d'invoquer dans le même sens la loi 12, au Digeste, *de injusto rupto testamento.* La naissance d'un posthume omis dans le testament du *de cujus* rompait ce testament. Cependant la loi 12 précitée le maintenait dans le cas où le posthume venait à mourir avant le testateur. Dans le sens de l'opinion contraire, que nous adopterons, on a fait remarquer que par le fait de la révocation *ipso jure,* le donataire ayant perdu la propriété des objets donnés, la mort de l'enfant ne peut la lui faire recouvrer. On a ajouté qu'il ne serait pas équitable que le donateur se vît enlever, par suite d'un fait auquel il est étranger, la propriété des objets donnés, qui était pour lui un droit acquis. Entre les deux opinions que nous venons d'exposer, se place une troisième opinion intermédiaire. Il faudrait distinguer si les enfants dont la naissance a opéré la révocation sont morts de suite ou après un certain espace de temps, et ne considérer la donation comme rétablie que dans le premier cas. Il suffit d'exposer cette opinion pour montrer tout ce qu'elle a d'arbitraire et par conséquent d'inadmissible.

Supposons maintenant qu'au lieu des enfants, c'est le père qui est mort, laissant le donataire en possession des choses données, la donation serait-elle confirmée? Balde sur la loi 2, au Code, *de inofficiosis donationibus,* pense qu'elle le serait et que les enfants ne pourraient demander la révocation qu'en qualité d'héritiers et jusqu'à concurrence seulement de leur légitime (lois 5 et 7, Code, *de inofficiosis donationibus*) : 1° parce que le père, n'ayant pas usé de la révocation quand il le pouvait, doit être présumé avoir confirmé la donation ; 2° parce que les héritiers du donateur (l. 10, Code, *de revoc. donat.*), ne pouvant agir en révocation des donations pour cause d'ingratitude, ne doivent pas non plus pouvoir agir en cas de survenance d'enfants. Cette opinion, rejetée du reste par Perezius et Zoesius, nous semble inadmissible. En effet, rien n'autorise à présumer que le donateur a voulu préférer le donataire à ses enfants. D'un autre côté, c'est tomber dans une grave erreur que d'assimiler l'action en révocation pour cause d'ingratitude et l'action en révocation pour cause de survenance d'enfants. Si la première est intransmissible aux héritiers, c'est uniquement parce que c'est une action pénale; or, jamais personne n'a attribué ce caractère à la seconde. Elle doit donc, comme toutes les actions possibles, être transmissible aux héritiers du donateur.

DROIT FRANÇAIS.

DE LA RÉVOCATION

DES DONATIONS ENTRE VIFS.

Avant d'étudier la révocation des donations entre vifs, il nous paraît indispensable de rappeler d'une manière sommaire la théorie du Code Napoléon sur les donations entre vifs, et principalement sur le principe de l'irrévocabilité. Ce préliminaire nous semble d'autant plus nécessaire, que le législateur considère les trois causes de révocation des donations, telles qu'il les indique, comme des exceptions à la règle de l'irrévocabilité, et qu'il est impossible de parler d'une exception sans bien formuler et préciser le principe auquel elle déroge.

L'article 894 définit la donation entre vifs « un acte par lequel » le donateur se dépouille actuellement et irrévocablement de la » chose donnée en faveur du donataire, qui l'accepte. » Au premier abord deux mots frappent l'esprit dans cette définition. Ce sont ceux d'actualité et d'irrévocabilité. Voyons donc très rapidement quel est le sens et quelle est la portée juridique de chacun d'eux.

Le donateur doit se dépouiller actuellement. Est-ce à dire que le donataire doit à l'instant même être mis en possession des choses données? Le contraire est évident, et la portée du principe de l'actualité est tout autre, ainsi que nous allons l'expliquer. Le disposant ne peut donner en aucun cas des biens à venir. Il doit transférer *hic et nunc* au donataire un droit qui compte dans son patrimoine, qu'il puisse au besoin céder et qui soit pour lui plus qu'une simple espérance, comme celle qui résulte d'un testament pour le légataire.

Le principe de l'irrévocabilité, que l'ancien droit posait dans la vieille maxime : *Donner et retenir ne vaut*, est d'un sens peut-être plus difficile à saisir, et il a donné lieu, parmi les auteurs, à des divergences d'opinions. Nous ne parlerons ici que du système le plus généralement admis. Une donation ne peut être faite sans des conditions potestatives pures, dépendant uniquement de la volonté du disposant. C'est là un point qui est commun aux actes à titre gratuit et aux actes à titre onéreux. (Art. 944.) Il faut donc trouver un autre sens à l'art. 894, et ce sens, le voici. A la différence des contrats à titre onéreux, la donation ne peut être affectée de ces conditions que la doctrine appelle potestatives *mixtes*, parce qu'elles dépendent tout à la fois de la volonté du donateur et du hasard. La condition *casuelle* est donc la seule qui puisse affecter une donation.

Les principes que nous venons de poser étant admis, nous pouvons entrer dans l'étude de la révocation des donations. Le Code Napoléon reconnaît trois causes de révocation des donations, qui sont : 1° l'inexécution des conditions, 2° l'ingratitude, 3° la survenance d'enfants.

Avant d'étudier ces trois causes de révocation, recherchons si la rubrique qui précède les art. 953 et suivants est bien exacte lorsqu'elle les qualifie d'exceptions au principe de l'irrévocabilité, tel que nous l'avons entendu, en d'autres termes examinons si les faits d'inexécution des conditions, d'ingratitude et de survenance d'enfants, sont bien potestatifs par rapport au donateur, ou si, au contraire, il n'en est pas parmi eux qui, considérés sous le même rapport, sont purement casuels.

La révocation pour cause de survenance d'enfants est véritablement une exception au principe de l'irrévocabilité ; car, si la survenance d'enfants est un fait casuel, il est bien aussi potestatif de la part du donateur. Mais nous ne croyons pas qu'il en soit de même de la révocation pour cause d'inexécution des conditions, ou pour cause d'ingratitude, ces deux faits ne contenant rien de potestatif de la part du donateur. Cependant des auteurs avides de tout concilier ont trouvé une explication aussi ingénieuse qu'habile, mais qui ne nous semble nullement convaincante. A l'inverse de la survenance d'enfants, disent ces auteurs et en particulier M. Valette, l'ingratitude et l'inexécution des conditions n'anéantissent pas de plein droit la donation. Le donateur n'est pas redevenu propriétaire, et pour qu'il puisse revendiquer les biens donnés, il faut qu'il agisse en justice pour faire prononcer la révocation de la donation, et cela alors même que le donataire ne nierait pas l'existence du fait révocatoire, s'il se refusait à restituer les biens donnés. Or, ajoute M. Valette, il est au pouvoir du donateur de ne pas agir en justice, et s'il agit, la révocation devient un fait potestatif de sa part. Tout ce raisonnement ne saurait nous faire changer d'opinion ; car, avant que le fait d'ingratitude ou d'inexécution des conditions vint à s'accomplir, le donataire avait sur l'objet donné un droit indépendant de la volonté du donateur. Mais, dès que le fait révocatoire se produit, le droit du donataire devient précaire d'indépendant qu'il était ; le donateur peut le lui reprendre, et s'il le lui laisse, c'est qu'il le veut bien. Ce qui est potestatif pour le disposant, ce n'est pas l'existence, mais plutôt l'exercice de son droit, deux choses très distinctes, qui sont confondues dans le système que nous repoussons. Nous nous hâtons de terminer cette discussion, d'une importance plutôt doctrinale que pratique, pour passer à l'examen plus spécial de chacune des trois causes de révocation que nous avons déjà indiquées.

CHAPITRE PREMIER.

Révocation pour cause d'inexécution des conditions.

L'inexécution des conditions, considérée comme cause de révocation des donations, était à peine indiquée dans l'ancien droit français et n'avait pas, comme aujourd'hui, de règles spéciales. Le plus grand nombre des auteurs, suivant en cela les errements du droit romain (l. 10, Cod., *de revocand. donat.*), la considéraient comme une ingratitude envers le donateur et lui appliquaient les règles propres à cette cause de révocation. Cette manière de voir était adoptée par Ricard (1). Mais d'autres jurisconsultes, et notamment Furgole (2) et Bourjon (3), considéraient l'inexécution des conditions comme une condition résolutoire tacite, appliquant ainsi aux donations la théorie relative aux obligations. Quoi qu'il en soit, le Code Napoléon a consacré l'opinion de Furgole. Mais avant d'arriver à l'exposé détaillé de cette opinion, quel est le sens attaché par le législateur au mot *conditions* dans l'art. 953? Sur ce point les auteurs ne sont pas d'accord. Toullier (4) prétend que par *conditions* l'art. 953 entend non-seulement les charges que le donateur a imposées au donataire, mais encore toutes les conditions proprement dites, soit suspensives, soit résolutoires, telles qu'elles sont déterminées par les art. 1181 et 1183 C. N. La même opinion se trouve dans un discours de présentation fait au nom du tribunat par Favard. Mais elle est repoussée par Duranton et Coin-Delisle, à l'avis desquels nous nous rangeons

(1) *Donations*, IIIe partie, chap. VI, sect. 2.
(2) *Testaments*, chap. XI, sect. 1.
(3) *Droit commun de la France*, partie des donations, chap. II.
(4) Tome V, n° 278.

sans hésitation ; car, soit qu'il s'agisse d'une condition suspensive, soit qu'il s'agisse d'une condition résolutoire, on arrive, dans le système de Toullier, à une impossibilité. Supposons d'abord une condition suspensive. Pierre donne A à *Primus, si navis ex Asiâ venerit;* l'inexécution de cette condition révoque-t-elle la donation, comme le prétend Toullier? Il est évident que non, car à l'inverse du terme, la condition suspensive proprement dite ne suspend pas seulement l'exercice du droit du donataire, mais encore son existence. Il en résulte que dans l'espèce que nous avons posée, la donation, en cas d'inexécution de la condition, n'a jamais existé en droit ; or, on ne révoque que ce qui a existé. Tel est le raisonnement de Duranton (1), qui nous semble irréfutable.

De la condition suspensive, passons à la condition résolutoire, et nous verrons qu'elle n'opère pas plus de révocation que la première. Prenons un exemple. Pierre donne A à *Primus*, mais la donation sera résolue *si navis ex Asiâ venerit.* Est-il possible, dans l'espèce, de dire que l'inexécution de la condition résolutoire révoque la donation? Nous ne le croyons pas, car cette inexécution, loin de révoquer la donation faite à *Primus*, la consolide et la rend définitive, de provisoire qu'elle était. Ce serait donc l'exécution de la condition résolutoire plutôt que son inexécution qui révoquerait la donation. On voit que le système que nous combattons arrive à faire dire au Code tout le contraire de ce qu'il exprime. Le système de Duranton est, du reste, tiré du droit romain. Comment s'exprime, en effet, la loi 10, au Code *de revocandis donationibus? Generaliter sancimus omnes donationes firmas illibatasque manere, si non donationis acceptor quasdam conventiones minimè implere voluerit.* L'expression *conventiones* s'entend évidemment des charges et ne saurait, quelque effort que l'on

(1) Tome VIII, nos 538 et 539.

puisse faire pour cela, s'appliquer aux conditions proprement dites. Aussi Ricard (1) et Furgole (2) avaient-ils consacré cette manière de voir dans les termes les plus formels et les plus catégoriques. L'histoire et la raison militent donc également en faveur de l'opinion de Duranton dans cette controverse, dont nous verrons plus tard tout l'intérêt pratique.

L'inexécution des charges entraîne la révocation de la donation, ainsi que nous l'avons dit dès le principe. Il ne faudrait pourtant pas trop généraliser cette idée, puisqu'il est, nous allons le voir, certaines charges dont l'inexécution ne porte aucune atteinte à la stabilité de la donation. Nous ne parlerons pas des charges stipulées dans l'intérêt exclusif du donataire, parce que ce sont plutôt des conseils, que le donataire est libre de suivre ou de ne pas suivre, que des charges proprement dites. Il en est autrement des charges dont l'exécution serait ou contraire aux lois et aux bonnes mœurs, ou impossible. Ce sont bien là de véritables charges, et cependant leur inexécution serait sans effet, parce qu'aux termes bien formels de l'article 900, elles doivent être réputées non écrites. Quant aux charges dont l'exécution est impossible, il n'y aurait pas, selon nous, à faire la distinction proposée par Bartole, suivant que le donateur aurait ou n'aurait pas ignoré l'impossibilité du fait qu'il a stipulé du donataire. Sa bonne foi ne l'autoriserait pas à demander la révocation ; car l'article 900 étant général, toute distinction serait arbitraire. Remarquons, du reste, que la disposition de l'article 900 ne peut recevoir son application qu'autant qu'il s'agit d'une donation proprement dite, et qu'un contrat synallagmatique déguisé sous

(1) *Donations*, chap. VI, IIIe partie, n° 699.

(2) *Testaments*, chap. XI, sect. 1, n° 41. Lorsque je parle des conditions, c'est seulement de celles qui sont des charges de faire ou de ne pas faire, et nullement des conditions suspensives et qui rendent l'acte imparfait jusqu'à leur événement, lesquelles ont d'autres règles et d'autres effets.

forme de donation serait nul pour le tout, s'il y était stipulé des conditions impossibles ou contraires aux lois et aux bonnes mœurs. Cette solution évidente, déjà consacrée par Ulpien dans la loi 3, § 5, au Digeste, *de conditione causâ datâ causâ non secutâ*, trouve son fondement dans ce principe de raison, que pour apprécier un acte il faut voir ce qui en réalité a été fait, plutôt que de s'attacher à la forme extérieure de cet acte: *Non sermoni res, sed sermo rei subjectus.*

Des conditions ou charges impossibles, passons aux charges dont l'exécution, possible lors de la donation, est devenue ensuite impossible, soit par la faute du donateur, soit par la faute du donataire, soit par suite d'un cas fortuit. Quelle sera, dans ces différentes hypothèses, la conséquence de l'inexécution? Si l'impossibilité provient de la faute du donateur, il est certain que la donation ne pourra être attaquée. Qui pourrait, en effet, demander la révocation, si ce n'est le donateur? Or, sa faute l'a rendu garant envers le donataire, qui répondrait victorieusement à sa demande par la maxime: *Quem de evictione tenet actio, eumdem agentem repellit exceptio.* Si l'impossibilité provient de la faute du donataire, il n'y a pas plus de difficulté que dans le premier cas, et la donation sera révocable, ce dernier ne pouvant se prévaloir de sa faute sans heurter la maxime: *Nemo potest ex delicto consequi beneficium.* Enfin, si l'impossibilité résulte d'un cas fortuit, pour savoir si la donation est ou n'est pas révocable, il faut distinguer suivant que le donataire a ou n'a pas été mis en demeure. Dans le premier cas, la donation peut être révoquée, parce que la demeure du donataire étant équipollente à sa faute, nous retombons dans l'hypothèse précédente. Dans le second cas, la donation n'est pas révocable, par cette raison bien simple, que tout débiteur est libéré de son obligation quand l'exécution en devient impossible par un cas fortuit, indépendant de sa volonté, et sans qu'il ait été mis en demeure. La solution que nous proposons est, du reste, donnée dans la loi 3, § 3, au Digeste, *de conditione causâ datâ causâ non secutâ*, dont la théorie a été reproduite par Furgole.

Maintenant que nous connaissons la nature des charges ou conditions prévues par l'article 953 et leurs différentes espèces, nous devons rechercher quel est le fondement juridique sur lequel la loi s'appuie pour faire de l'inexécution des conditions une cause de révocation des donations. Sur ce point, les jurisconsultes de l'ancienne France n'étaient pas d'accord, et nous avons déjà parlé du dissentiment qui existait entre Ricard et Furgole. Ricard (1), nous le savons, s'appuyant sur la loi 10, au Code *de revocandis donationibus,* ne voyait dans l'inexécution des charges qu'un cas d'ingratitude, et déduisait de ce principe, relativement aux effets de la révocation à l'égard des tiers acquéreurs et à la transmissibilité de l'action, soit aux héritiers du donateur, soit contre les héritiers du donataire, des conséquences que nous étudierons en parlant de la révocation pour cause d'ingratitude. Furgole, au contraire (2), ne considérait pas l'inexécution de toutes sortes de charges comme un cas d'ingratitude, et il procédait au moyen d'une distinction. Ne constituaient un cas d'ingratitude par leur inexécution, que les charges qui regardaient la personne du donateur, comme la charge de lui fournir des aliments. Quant à toutes les autres charges, leur inexécution était une cause de révocation fondée sur l'accomplissement d'une condition résolutoire tacite, comme dans la matière des obligations, dont Furgole appliquait toutes les règles.

Du droit ancien passons au droit nouveau et au Code Napoléon. Le législateur a adopté le sentiment de Furgole. Nous n'en voulons pour preuve que l'art. 954, duquel il résulte que l'action

(1) *Donations*, IIIe partie, chap. VI, sect. 3, n° 704.
(2) *Testaments*, chap. XI, sect. 1, n° 149.

en révocation peut avoir effet contre les tiers détenteurs des immeubles donnés. N'est-ce pas dire de la façon la plus positive que l'action dont il s'agit n'est pas, comme le prétendait Ricard, une action purement pénale. Ce point étant admis, il ne nous reste plus qu'à appliquer à notre matière la théorie de l'art. 1184 relative aux obligations. Que dit cet article? « La condition résolu- » toire est toujours sous-entendue dans les contrats synallag- » matiques pour le cas où l'une des parties ne satisfera point à » son engagement. Dans ce cas, le contrat n'est point résolu de » plein droit. La partie envers laquelle l'engagement n'a point » été exécuté a le choix de forcer l'autre à l'exécution de la con- » vention lorsqu'elle est possible, ou d'en demander la résolu- » tion avec des dommages et intérêts. La résolution doit être de- » mandée en justice, et il peut être accordé au défendeur un » délai suivant les circonstances. » L'inexécution des charges imposées au donataire constitue donc une condition résolutoire tacite. La condition résolutoire, on le sait, est celle qui, lorsqu'elle s'accomplit, opère une révocation complète et remet les choses au même état que si la donation n'avait jamais existé. Elle peut être tacite ou expresse, et il existe entre ces deux espèces de nombreuses différences qu'il serait curieux de rechercher et d'approfondir. Mais une pareille étude sortirait trop de notre sujet; nous nous contenterons donc, après avoir étudié la condition résolutoire tacite, d'esquisser à grands traits la condition résolutoire expresse. Nous constaterons ainsi leurs principales différences, et nous ferons ressortir tout l'intérêt pratique d'une question que nous avons examinée plus haut, de la question de savoir si les conditions dont parle l'art. 953, sont, dans l'esprit du législateur, des conditions proprement dites, ou au contraire des charges de la donation.

La condition résolutoire tacite résultant de l'inexécution des conditions n'opère pas de plein droit. Elle doit être demandée et prononcée en justice, nous disent les art. 956 et 1184. Supposons donc que le donataire n'exécute pas les charges qui lui sont imposées, la donation n'est pas résolue. Le donateur lui fait une sommation par huissier, il le cite en justice, il prend ses conclusions devant le tribunal; la donation n'a subi aucune atteinte, et le donataire peut encore exécuter les charges et ainsi rendre vaines les poursuites dont il est l'objet, jusqu'à ce que le tribunal ait prononcé la résolution. Il y a plus, cette résolution a été prononcée. Si le donataire appelle du jugement, il peut encore, jusqu'à l'arrêt définitif de la Cour, exécuter les charges qui lui ont été imposées, et c'est seulement à partir de cet arrêt que l'exécution serait tardive en thèse générale. C'est que l'appel est le principe d'une instance nouvelle durant laquelle les parties sont remises dans le même état que devant les premiers juges. Les mêmes principes devraient être appliqués en cas de nouvelle instance, si l'arrêt de la Cour avait été cassé ou rapporté par suite d'une requête civile.

Nous venons de voir que le tribunal, saisi de la demande en révocation, devait, lorsque l'inexécution des charges était évidente, adjuger au donateur ses conclusions. Mais est-il obligé de prononcer de suite? Non, sans doute, puisque l'art. 1184 permet aux juges d'accorder un délai au défendeur suivant les circonstances, c'est-à-dire eu égard à sa bonne ou à sa mauvaise foi. Tel était déjà l'avis de Ricard [1] et de Furgole [2], qui, toutefois, était combattu par Argou dans ses *Institutions au droit français* [3]. Mais si les juges peuvent accorder un premier délai au défendeur, ils ne pourraient pas lui en accorder un deuxième; car il ne peut pas être en leur pouvoir de paralyser indéfiniment le droit du donateur.

(1) *Donations*, IIIe partie, chap. VI, n° 699.
(2) *Testaments*, chap. XI, sect. 1, n° 91.
(3) Livre II, chap. II.

Les principes que nous venons d'exposer sur la révocation des donations pour cause d'inexécution des conditions, peuvent, par des conventions spéciales, recevoir des modifications dont nous devons connaître la portée, puisque en définitive elles tiennent lieu de loi entre les parties (art. 1134). Examinons donc quelques-unes des clauses qui se rencontrent le plus fréquemment dans la pratique.

Le donateur a stipulé dans l'acte que, faute d'exécution des conditions dans un délai fixé, la donation sera révoquée de plein droit. Le résultat de cette stipulation semblerait devoir être qu'à partir de l'expiration du délai, la donation est révoquée, et que le donataire ne peut plus exécuter les conditions. Une pareille conclusion serait pourtant complétement fausse, et voici le seul avantage que le donateur retirerait de la stipulation. Il pourrait, à l'expiration des délais fixés, faire sommation par huissier au donataire d'avoir à exécuter les charges de la donation, et une fois cette sommation faite, il devrait assigner ce dernier devant le tribunal, qui ne pourrait plus accorder aucun délai, ni même autoriser l'exécution, et devrait, après avoir constaté la demeure du défendeur, faire droit aux conclusions prises contre lui. Cette restriction aux effets de la stipulation de révocation *ipso jure*, a son principe dans la maxime *Dies non interpellat pro homine*, maxime déposée dans les art. 1139 et 1656 du Code Napoléon. Il ne faut pas que le donataire s'endorme dans une confiance trompeuse, et s'il est de bonne foi, que l'oubli d'exécuter ses engagements le dépouille contre toute justice du bénéfice de la donation. Ces motifs nous servent en même temps à justifier les effets d'une clause analogue à la première, et qui pourtant présente quelque différence. Il s'agit du cas où il a été stipulé, non-seulement qu'en cas d'inexécution des conditions, la donation serait révoquée de plein droit, mais encore que le donataire se trouverait en demeure par le seul effet du terme et sans qu'il soit besoin d'autre sommation. Dans ce cas, comme le débiteur est averti par l'acte lui-même, il doit être plus vigilant, et il serait en faute d'être surpris. La stipulation fera donc la loi des parties (art. 1134). Tout sera consommé à l'expiration du délai fixé, et le tribunal, lorsqu'il sera saisi de l'affaire, devra immédiatement prononcer la révocation.

La révocation d'une donation pour cause d'inexécution des conditions ne peut pas être demandée par le donataire, et quand même l'art. 1184 ne contiendrait pas une disposition formelle à cet égard, on ne saurait élever aucun doute sur ce point; car il ne se peut qu'une partie qui a violé la foi du contrat, puisse venir arguer de son improbité pour fonder une demande en justice: *Nemo auditur propriam allegans turpitudinem.*

Du principe que la condition résolutoire tacite n'opère pas de plein droit, résulte cette conséquence pratique des plus importantes, que le donateur peut seul invoquer la révocation et que les tiers ne le pourraient pas, quelque intérêt qu'ils y aient. Un exemple fera mieux comprendre notre pensée : Pierre a donné à Paul son champ A, sous la condition qu'il lui fournira une rente viagère de 500 fr. par an; Jacques s'est emparé du champ A, et il est en voie de le prescrire; Paul revendique le champ en question; Jacques ne peut pas lui répondre qu'il n'est plus propriétaire, parce qu'il ne sert pas à Pierre les arrérages qu'il lui doit, et repousser ainsi sa demande en revendication, car il faudrait pour cela que la révocation eût été prononcée sur la demande du donateur.

Les effets de la condition résolutoire expressément stipulée dans l'acte sont diamétralement l'opposé des effets de la condition résolutoire tacite, tels que nous venons de les étudier. En effet, aux termes de l'art. 1183, la condition expresse opère de plein droit sans être demandée en justice, d'où la conséquence qu'elle peut être invoquée par toute personne intéressée et qu'elle peut l'être aussitôt qu'elle s'est réalisée. On voit ainsi apparaître l'intérêt pratique d'une controverse que nous avons exposée plus haut, sur le point de savoir si dans l'art. 953 le législateur entend par conditions les charges de la donation et les conditions proprement dites, ou seulement les charges. En effet, admettons la première opinion ; nous devons appliquer l'art. 956, auquel renvoie l'art. 954, et par conséquent, décider que la condition résolutoire, *même expresse*, n'opère pas de plein droit dans les donations. Admettons, au contraire, la seconde opinion ; nous déciderons que la condition résolutoire expresse opère de plein droit dans les donations comme dans les conventions à titre onéreux ; car, ne pouvant appliquer l'art. 956, nous devrons recourir à l'art. 1184. Nous avons suffisamment prouvé que la seconde opinion pouvait seule être admise, et s'il restait encore quelques doutes sur ce point, l'espèce d'antinomie que le système de nos contradicteurs établit entre les articles 956 et 1184 suffirait, ce nous semble, pour les éloigner.

La révocation des donations pour cause d'inexécution des conditions produit, à l'égard des tiers auxquels le donataire a consenti des droits réels, des effets déterminés par l'art. 954, qui n'est que l'application pure et simple de la maxime : *Resoluto jure dantis, resolvitur etiam jus accipientis.* Cet article est ainsi conçu : « Dans le cas de révocation pour cause d'inexécution » des conditions, les biens rentreront dans les mains du donateur » libres de toutes charges et hypothèques du chef du donataire ; » et le donateur aura contre les tiers détenteurs des immeubles » donnés, tous les droits qu'il aurait contre le donataire lui- » même. » On voit que tous les droits réels consentis par le donataire sont résolus sans aucune exception ; mais, pour qu'il en soit ainsi, il faut que ces droits aient été consentis *depuis la donation*. Nous disons depuis la donation, car ces droits auraient pu être consentis par le donataire auparavant, et cela dans le cas où il aurait été antérieurement propriétaire des biens donnés. Dans cette hypothèse, rare en pratique, nous le reconnaissons, les droits dont nous parlons devraient subsister, comme tous ceux qui auraient pu être établis par un quelconque des précédents propriétaires.

En dehors du cas que nous venons d'examiner, l'hypothèque légale de la femme subsisterait-elle malgré la résolution, dans les circonstances prévues par l'art. 952, c'est-à-dire en cas d'insuffisance des autres biens de l'époux donataire, si la donation avait été faite au mari par le même contrat de mariage duquel résultent les droits et hypothèques de la femme? La négative nous paraît certaine; car l'art. 952 constitue pour la femme un privilége tout exorbitant du droit commun, qui, par conséquent, doit dans le doute être restreint plutôt qu'étendu.

Les tiers acquéreurs sont donc en butte aux poursuites du donateur, en cas d'inexécution des conditions ; mais comment celui-ci devra-t-il procéder? Il est tout d'abord certain qu'il ne pourra, de prime saut, agir en revendication contre les tiers. Ceux-ci lui répondraient avec raison : « Notre vendeur était bien propriétaire à l'époque de la vente qu'il nous a consentie, et, par conséquent, nous n'avons rien à faire avec vous tant que son droit n'aura pas été rétroactivement résolu. » Le donateur devra donc d'abord agir contre le donataire, et une fois la révocation prononcée, revendiquer contre les tiers détenteurs. Ceux-ci pourraient alors intervenir dans l'instance pour sauvegarder leurs droits, et dans le cas où les charges de la donation pourraient être accomplies indifféremment par toute personne, arrêter l'instance en résolution en les exécutant. Le donateur ne pourrait s'opposer à cette prétention, car il serait tout à fait désintéressé, et il est de principe que l'intérêt est la mesure des actions judiciaires. D'un autre côté, les tiers acquéreurs pourraient invoquer l'art. 1166, qui permet aux créanciers d'exercer les droits de leur débiteur, puisque, par le fait de la vente qui leur a été consentie, ils sont créanciers du donataire, leur débiteur garant.

Indépendamment du mode de procéder que nous venons d'indiquer, le donateur aurait à sa disposition une procédure plus avantageuse et plus expéditive. Après avoir actionné le donataire, il devrait mettre en cause les tiers acquéreurs pour faire déclarer commun avec eux le jugement à intervenir. Il ferait bien, en pratique, d'agir ainsi, car sans cette précaution, le jugement rendu entre le donateur et le donataire ne pourrait faire loi à l'égard des tiers acquéreurs, qui n'y auraient pas été parties, d'autant plus que ce jugement pourrait n'être que le résultat de la négligence du donataire, ou peut-être d'une fraude concertée entre lui et le donateur. Les tiers pourraient donc, lorsque celui-ci voudrait s'en servir contre eux pour agir en revendication, lui opposer la maxime : *Res inter alios judicata aliis nec nocet nec prodest*, ou tout au moins attaquer le jugement en question par la voie de la tierce opposition, telle qu'elle est réglée dans les articles 474 et suivants du Code de procédure civile.

Qui peut demander la révocation d'une donation pour cause d'inexécution des conditions et contre qui cette révocation peut-elle être demandée?

Nous avons vu qu'en principe, la révocation des donations pour cause d'inexécution des conditions ne peut être demandée que par le donateur et contre le donataire. Mais des circonstances particulières peuvent donner à d'autres qu'au donateur le droit d'agir, et mettre en butte à l'action de celui-ci d'autres que le donataire, deux hypothèses différentes que nous allons examiner successivement.

Les personnes autres que le donateur pouvant exercer l'action en révocation, sont : 1° ses héritiers, 2° ses créanciers, 3° ses cessionnaires, et, enfin, suivant M. Vazeille, 4° le tiers en faveur duquel les charges de la donation ont été stipulées conformément à l'art. 1121.

La question de savoir si les héritiers du donateur peuvent intenter l'action en révocation de la donation pour cause d'inexécution des conditions, ne peut présenter aujourd'hui aucune difficulté en présence des dispositions du Code Napoléon qui, en déclarant dans l'art. 954, que l'action en révocation a effet contre les tiers acquéreurs, lui enlève le caractère d'action pénale qui seul pourrait la rendre intransmissible. Mais dans l'ancien droit la question présentait plus de difficulté, et elle était même l'objet d'une controverse entre Furgole et Ricard. Ce dernier, ainsi que nous l'avons déjà dit plusieurs fois, considérant l'inexécution des conditions comme un cas d'ingratitude, faisait de l'action qui en résultait une action purement pénale et, par conséquent, intransmissible aux héritiers. Furgole, au contraire, regardait la donation avec charges comme un contrat *do ut des*, de l'inexécution duquel devait naître la *condictio causâ datâ causâ non secutâ*, action qualifiée *rei persecutoria*, et à ce titre essentiellement transmissible.

Les créanciers du donateur, de même que ses héritiers, peuvent demander la révocation des donations par lui consenties en cas d'inexécution des conditions. En effet, aux termes de l'art. 1166, les créanciers peuvent exercer tous les droits et actions de leur débiteur, à l'exception de ceux qui sont exclusivement attachés à sa personne. Aussi sur ce point tous les auteurs sont-ils d'accord, si l'on excepte M. Coin-Delisle (1), qui a évidemment tort, attendu que l'action en révocation pour inexécution des conditions, ne présentant pour le donateur qu'un intérêt purement pécuniaire, ne peut être rangée au nombre des droits exclusivement attachés à sa personne.

(1) Sur l'art. 954, n° 11.

Les créanciers du donateur auraient un autre moyen d'attaquer la donation : ce serait en intentant l'action paulienne. Mais ce mode de procéder, dont l'étude ne rentre pas dans notre travail, différerait du premier en ce que l'action serait possible même dans le cas où les conditions de la donation auraient été exécutées, pourvu toutefois que le donateur ait agi en fraude des droits de ses créanciers. (Art. 1167.)

Passons à l'étude des droits des cessionnaires du donateur. L'action en révocation, nous l'avons déjà prouvé, est une action d'un intérêt purement pécuniaire et privé. Elle peut donc être l'objet de toute espèce de contrats et, par conséquent, d'une vente ou cession qui mettra le cessionnaire aux lieu et place du donateur pour demander la révocation. Le donateur pourrait, selon nous, faire cette cession à toute époque, même immédiatement après la donation. M. Coin-Delisle (1) est d'un avis contraire, et selon cet auteur, la cession ne pourrait avoir lieu qu'après que l'inexécution des conditions se serait manifestée à un tel point que le donateur puisse agir en révocation. Voici comment raisonne M. Coin-Delisle pour arriver à cette conclusion : « Par l'effet de la donation, le donateur a été complétement dessaisi ; il ne lui reste plus aucun droit sur les objets donnés, et il ne peut, en conséquence, faire aucun contrat à l'occasion de ces objets. » L'opinion de M. Coin-Delisle, bien qu'irréfutable en apparence, ne saurait être admise ; car, si son argumentation est bien déduite, elle repose sur un principe totalement faux, à savoir que par l'effet de la donation le donateur n'a plus sur les objets qui en font partie aucun droit quelconque. Voilà où est l'erreur, car si le donateur n'a pas retenu un droit actuel, on ne peut nier qu'il ait retenu, pour le cas d'inexécution des conditions, un droit éventuel, qui peut, de l'avis de tous, être l'objet d'une cession.

(1) Sur l'art. 954, n° 8.

Nous arrivons au cas le plus douteux. Il s'agit de savoir si le tiers en faveur duquel une condition a été stipulée dans l'acte de donation, et qui a accepté conformément à l'art. 1121, peut, en cas d'inexécution de cette condition, demander la révocation de la donation. La difficulté s'était présentée dans l'ancien droit, et nous la trouvons exposée et résolue par Furgole (1) avec tant de précision et de concision, que nous ne croyons pouvoir mieux faire que de transcrire littéralement le passage : « On peut, dit » ce jurisconsulte, proposer pour septième difficulté si un tiers » en faveur duquel le donateur aurait réservé une pension » payable après sa mort, pourrait demander la révocation de la » donation, faute par le donataire de satisfaire à la charge. Il faut » décider que ce pensionnaire ne serait pas fondé à cette de- » mande, et qu'il ne pourrait agir que pour le paiement de la » pension, parce que la faculté de révoquer la donation par le » défaut d'exécution des charges, en le considérant comme une » ingratitude, n'est accordée qu'au donateur, par la loi dernière » au Code *de revocandis donationibus*, et qu'en prenant la chose » du côté de la répétition, elle ne peut pas non plus compéter au » tiers, parce que les biens ne lui ont pas appartenu, qu'ainsi » il ne peut pas les répéter. »

Nous devons, sous l'empire du Code Napoléon, suivre l'opinion de Furgole, par les mêmes motifs qu'il indique, et qui sont tout aussi concluants aujourd'hui qu'ils l'étaient dans l'ancien droit.

Nous avons vu plus haut que les héritiers du donateur peuvent intenter l'action en révocation pour cause d'inexécution des conditions. Nous devons donc, par réciprocité, décider que les héritiers du donataire peuvent être comme lui en butte à cette action, et qu'ils peuvent comme lui en arrêter les effets, en exé-

(1) *Testaments*, chap. XI, sect. 1, n° 151.

cutant avant le jugement de révocation les charges stipulées dans l'acte de donation. Si ces charges peuvent être indifféremment exécutées par l'un ou par l'autre, il n'y a pas de difficulté ; mais que faut-il décider dans le cas où elles seraient de telle nature qu'elles ne puissent être exécutées que par le donataire lui-même? Certains auteurs procèdent au moyen d'une distinction. Si le donataire a de son vivant été mis en demeure d'exécuter, ses héritiers succèdent à son obligation de dommages et intérêts, et peuvent, par conséquent, être assignés en révocation. Si le donataire n'a pas été mis en demeure d'exécuter, toute action est non recevable contre ses héritiers, parce que d'un côté l'inexécution ne leur est pas imputable, et que de l'autre leur auteur n'ayant pas été mis en demeure, ils ne peuvent être tenus de son chef d'aucune obligation. Nous ne pouvons, pour notre part, admettre ce système, et nous pensons que dans les deux hypothèses que nous avons prévues, les héritiers du donataire peuvent être assignés en révocation de la donation. Si, en effet, l'absence de mise en demeure du donataire peut empêcher l'obligation de dommages et intérêts de naître sur sa personne pour passer à celle de ses héritiers, on ne saurait dire qu'elle est un obstacle à la révocation de la donation. En effet, bien qu'aucune faute ne soit imputable à ces derniers, il n'en est pas moins vrai que le donateur n'aurait pas donné, s'il n'avait pas pu stipuler les conditions qui ne sont pas exécutées. Si donc les héritiers du donataire pouvaient, malgré cette inexécution, être à l'abri de toute poursuite, ils retiendraient sans cause les objets donnés ou tout au moins la portion de ces objets dont la donation se trouvait diminuée par des charges d'une valeur égale.

Quelles donations sont révocables pour cause d'inexécution des conditions?

Toutes les donations sans exception sont révocables pour cause d'inexécution des conditions, puisque les articles 953 et 954 contiennent une disposition générale qu'on ne saurait restreindre en aucun cas. Sont donc révocables : 1° les donations en faveur de mariage, 2° les donations rémunératoires, sauf à tenir compte au donataire de la valeur des services rendus, 3° les donations mutuelles. Mais ici se présente la question de savoir si la révocation de l'une des donations entraînera la révocation de l'autre. L'inexécution des conditions étant un fait personnel de la part du donataire comme les faits d'ingratitude, la question doit recevoir ici la même solution qu'en cas de révocation pour cause d'ingratitude. Nous renvoyons donc aux explications que nous donnerons sur cette difficulté lorsque nous étudierons la révocation pour cause d'ingratitude.

Des fruits produits par les objets donnés et de leur restitution.

Les choses qui font l'objet d'une donation entre vifs peuvent produire des fruits soit naturels, soit industriels, soit civils ; or, en cas de révocation de la donation, il faut voir, parmi ces fruits, quels sont ceux que le donataire ou les tiers acquéreurs peuvent conserver et quels sont ceux qu'ils doivent rendre. A l'égard des tiers acquéreurs, le compte est facile à établir ; il suffit d'appliquer l'art. 549 Code Napoléon, et de dire qu'ils conserveront tous les fruits par eux perçus de bonne foi. Quant au donataire, il y a plus de difficulté en raison du silence de la loi. Les recherches auxquelles nous nous sommes livrés nous ont montré, en présence l'un de l'autre, quatre systèmes.

Suivant un premier système, il faudrait appliquer la disposition de l'art. 958, relative au cas d'ingratitude, et n'obliger le donataire à rendre les fruits qu'à compter du jour de la demande en révocation (1).

Suivant un deuxième système, le donataire devrait rendre les fruits à partir du jour où, pouvant accomplir les charges qui lui étaient imposées, il ne les a pas accomplies (2).

Suivant un troisième système, les fruits devraient être rendus à partir de la mise en demeure d'exécuter les charges (3).

Enfin, dans un quatrième système, le donataire devrait restituer au donateur tous les fruits qu'il a perçus depuis le jour de la donation. Nous croyons devoir adopter ce quatrième système, dont l'honneur revient à M. Valette; car, il ne faut pas que le donataire puisse retirer un avantage quelconque d'un contrat dont il s'est joué.

Prescription de l'action en révocation de la donation pour cause d'inexécution des conditions.

Tous les droits et toutes les actions viennent aboutir à la prescription pour s'éteindre. L'action en révocation des donations pour cause d'inexécution des conditions subit donc cette loi commune, et nous devons l'étudier à ce point de vue. La question de prescription peut, ici comme ailleurs, se présenter dans deux cas bien différents. En effet, les biens donnés peuvent n'être pas sortis des mains du donataire, comme ils peuvent se trouver possédés par des tiers acquéreurs. Dans le premier cas, il s'agit d'une prescription libératoire. Cette prescription ne peut s'effectuer que par un délai de trente années, qui ne peuvent courir,

(1) Furgole, *Testaments*, chap. xi, sect. 1, n° 48; Coin-Delisle, sur l'art. 953, n° 22.

(2) Duranton, t. VIII, n° 543.

(3) Dalloz, *Répert.*, v° *Donations*, n° 1819.

conformément à l'art. 2257, que du jour où le donataire, pouvant remplir les charges qui lui étaient imposées, ne les a pas remplies, le tout sans préjudice des suspensions et interruptions telles que de droit.

Dans le second cas, c'est-à-dire lorsque les biens donnés sont possédés par des tiers acquéreurs, il s'agit d'une prescription acquisitive qui a pour effet de faire acquérir à ces tiers la propriété des objets donnés, libre de tous droits et actions. Cette prescription diffère de la prescription libératoire, par sa durée et par son point de départ. Cette dernière prescription, en effet, ne s'accomplit, ainsi que nous l'avons vu, que par trente ans, sans qu'il y ait à distinguer entre les meubles et les immeubles, la bonne ou la mauvaise foi de ceux qui prescrivent, et ces trente ans ne courent que du jour où les charges de la donation devaient être accomplies. En matière de prescription acquisitive, au contraire, le point de départ est toujours le moment où le tiers qui prescrit s'est mis en possession, et pour la durée il faut distinguer entre les meubles et les immeubles, entre le cas où les tiers sont de bonne foi et celui où ils sont de mauvaise foi. Ainsi, s'agit-il de meubles? Si les tiers sont de bonne foi, la prescription est instantanée (art. 2279); s'ils sont de mauvaise foi, elle ne s'accomplit que par trente ans. S'agit-il d'immeubles? Si les tiers sont de bonne foi, ils prescrivent par dix ou vingt ans (art. 2265); s'ils sont de mauvaise foi, par trente ans seulement (art. 2262).

Nous aurions par là terminé l'étude de la révocation des donations pour cause d'inexécution des conditions, s'il ne nous restait à traiter deux questions des plus controversées sur la matière et qui, à proprement parler, n'en forment qu'une seule en raison de leur étroite connexité. Il s'agit de savoir : 1° si le donataire pur et simple peut renoncer à la donation; 2° si, en cas de donation avec charges, le donateur peut, comme en matière de contrats à titre onéreux (art. 1184), non-seulement demander la résolution de la donation, mais encore la maintenir et conclure à son exécution, en d'autres termes si le donataire peut se dispenser de remplir les charges en renonçant au bénéfice de la donation.

La première question ne peut être sérieusement mise en doute. En effet, la donation pure et simple est une convention essentiellement unilatérale, le donateur est seul obligé et le donataire ne doit souffrir aucun détriment, ainsi que l'exprimait Casaregis dans ces mots : *Donatarius non debet remanere damnificatus* (1). La solution affirmative de la question est donc évidente. Mais comment le donataire fera-t-il l'abandon des objets donnés ? La loi est muette sur ce point ; mais nous pouvons suppléer à son silence par l'application des règles spéciales à d'autres matières. Nous pensons que s'il s'agit de meubles, l'abandon peut être fait au moyen d'offres réelles suivies de consignation, conformément aux art. 1257 et suivants du Code Napoléon. Que si la donation consiste en immeubles, nous appliquerons l'art. 2174, Code Napoléon, relatif au délaissement par hypothèque. Le donataire devra donc faire le délaissement au greffe du tribunal, qui nommera un curateur pour gérer les biens abandonnés (2).

La seconde question présente de sérieuses difficultés. Aussi commençons par éloigner de la discussion des espèces sur lesquelles il ne peut y avoir aucun doute, quelle que soit l'opinion que l'on adopte ultérieurement sur la question principale. Ainsi, si les charges imposées au donataire constituent un passif d'une valeur égale ou presque égale à celle des objets donnés, il est évident qu'il n'y aura plus qu'un contrat à titre onéreux et que le prétendu donateur pourra conclure à l'exécution des charges. De même, s'il a été spécialement stipulé du donataire qu'il exé-

(1) *Disc.* 82, n° 84.
(2) Demolombe, *Donations*, t. III, n° 579.

cuterait les charges, il ne peut se dispenser de les exécuter ; car alors l'acte de donation peut se décomposer en deux parties, d'abord une convention de donner, et ensuite une convention ordinaire entre le donateur et le donataire, laquelle convention, n'ayant rien de contraire à l'ordre public et aux bonnes mœurs, doit recevoir sa pleine et entière exécution (art. 1134). La question étant ainsi dégagée de tous lès points de fait qui pourraient l'obscurcir, nous pensons que le donateur ne peut pas conclure à l'exécution des charges de la donation, et voici nos raisons. Lorsqu'une personne fait une donation à une autre, l'intention des parties est facile à saisir. Le donataire n'entend nullement s'obliger, et quant au donateur, son but principal est de faire une libéralité et non d'obtenir l'exécution des charges qu'il impose, vu qu'il serait absurde à lui de se procurer cette exécution à un prix aussi élevé qu'il le fait. Voilà ce que le simple bon sens indiquerait, quand même les travaux préparatoires du Code ne viendraient pas nous prouver que telle a été la pensée du législateur. On sait, en effet, que l'article du projet correspondant à l'art. 894, qui donne la définition de la donation, portait, au lieu du mot *acte*, le mot *contrat*. Le premier consul critiqua cette rédaction en disant qu'elle pourrait à tort faire supposer que la donation engendre des obligations réciproques. Ces observations furent admises par le conseil d'Etat, qui a donc consacré l'opinion que nous soutenons. Ajoutons que Furgole décidait déjà la question dans le sens que nous indiquons, et que l'autorité de ce jurisconsulte est ici d'autant plus grande, que, comme les rédacteurs du Code Napoléon, il refusait à la donation le titre de contrat. Notre système étant ainsi posé, examinons les objections qu'on y adresse : en les réfutant, nous le consoliderons.

Une première objection consiste à dire que la donation avec charges étant un contrat synallagmatique, on doit lui appliquer l'art. 1184 en son entier ; mais qui ne voit que cet argument n'est qu'une pétition de principes, puisque toute la difficulté consiste dans le point de savoir si la donation est ou n'est pas un contrat.

Une seconde objection est tirée des articles 1052 et 1086. Dans le cas prévu par l'art. 1052, le donataire ne peut, dit-on, renoncer à une donation avec charges pour se soustraire à l'exécution de ces charges. C'est donc que dans l'esprit des rédacteurs du Code notre théorie est fausse. Nous répondrons que l'art. 1052 est une exception qui, loin de détruire la règle que nous avons tracée, vient au contraire la confirmer.

Quant à l'art. 1086, on en tire l'argument suivant : cet article permet au donataire par contrat de mariage de renoncer à la donation avec charges; or, les donations par contrat de mariage sont soumises à des règles différentes de celles qui régissent les donations ordinaires ; donc, lorsqu'il s'agit de ces dernières, le donataire ne peut, par sa renonciation, se dispenser de l'exécution des charges. Cette objection est insignifiante ; car, où a-t-on vu que toutes les règles concernant les donations par contrat de mariage étaient inapplicables aux donations ordinaires ? Nulle part; et il y a plus, nous rétorquerons contre nos adversaires l'argument tiré de l'art. 1086, et nous dirons : les donations par contrat de mariage sont régies par les mêmes règles que les donations ordinaires, dans tous les points où la loi n'y apporte pas une dérogation expresse ; or, dans l'espèce, cette dérogation ne se rencontre point ; donc le législateur a formulé dans l'art. 1086 un principe général, duquel il résulte que tout donataire peut, en renonçant au bénéfice de la donation, se dispenser d'exécuter les charges qui la grèvent.

Une troisième objection trouve son fondement dans l'art. 463 Code Napoléon. Aux termes de cet article, le tuteur ne peut accepter la donation faite au mineur qu'avec l'autorisation du conseil de famille. C'est donc, disent nos adversaires, que cette acceptation oblige le mineur; car, s'il en était autrement, il serait inutile de requérir l'intervention du conseil de famille. Cette objection tombe d'elle-même. Une donation, en effet, n'intéresse pas seulement les biens du mineur ; elle intéresse aussi son honneur et sa réputation, qui ne trouvent qu'une garantie nécessaire dans l'intervention du conseil de famille. Mais, objectent encore nos adversaires, aux termes de l'article 463 la donation acceptée par le tuteur dûment autorisé produit le même effet qu'à l'égard d'un majeur. La loi veut donc que la donation produise un effet passif contre le donataire, puisque, s'il en était autrement, il eût été absurde de faire une disposition expresse pour dire que le donateur ne peut révoquer seul la donation. A ce syllogisme, nous répondrons que raisonner ainsi, c'est jouer sur les mots, et que ce n'est pas d'une disposition ambiguë, qui n'est même pas contenue dans le titre des donations, qu'on peut tirer un argument boiteux contre l'évidence qui résulte des travaux préparatoires du Code.

Une dernière objection est tirée du droit romain. Les lois 70, §1, au Digeste, *de legatis*, 2°, 28, au Digeste, *de donationibus*, et 22, au Code, *de donationibus*, contiennent, dit-on, une solution diamétralement opposée à celle que nous avons donnée, et rien ne prouve qu'on ait voulu y déroger. Nous répondrons, quant à la loi 70, que c'est à tort qu'on l'invoque dans notre matière, puisqu'elle prévoit le cas d'un legs et non d'une donation. Relativement aux lois 28 et 22, la réponse à l'objection n'est pas plus difficile; car le droit romain n'avait pas sur la nature des donations la même théorie que le droit moderne. Ce point de vue est si vrai, que dans les premiers temps de la république romaine la donation n'avait pas d'existence propre et n'était qu'une libéralité résultant d'un contrat soit réel, soit verbal, soit littéral, soit consensuel. Il n'est donc pas étonnant qu'une pareille législation ait vu dans les charges imposées à une donation une obligation devant être exécutée par le donataire comme par tout autre débiteur.

Toutes les objections adressées à notre système étant ainsi réfutées, les premiers arguments que nous avons invoqués à son appui, conservent toute leur force et conduisent nécessairement à adopter la solution que nous avons proposée.

Toutefois, pour ceux qui admettraient l'opinion contraire, s'élèverait la question de savoir si le donateur a, comme le vendeur, un privilége sur l'immeuble donné pour l'exécution des charges. La négative, enseignée par MM. Demolombe (1) et Troplong (2), semblerait devoir être admise ; car le système contraire ne pourrait reposer que sur un argument d'analogie qui aurait bien peu de valeur dans notre espèce, les priviléges étant de droit étroit et ne pouvant exister qu'en vertu d'un texte spécial.

CHAPITRE II.

Révocation pour cause d'ingratitude.

Nous ne reviendrons pas ici sur l'origine de la révocation des donations pour cause d'ingratitude. Nous ne pouvons mieux faire que de renvoyer aux développements que nous avons donnés sur ce sujet en droit romain. Qu'il nous suffise de rappeler que, dans le dernier état de ce droit, la loi 10, au Code *de revocandis donationibus*, admettait la révocation pour cause d'ingratitude dans cinq cas : 1° si le donataire a proféré des injures atroces contre le donateur ; 2° s'il a porté la main sur le donateur ou attenté à sa personne ; 3° s'il l'a exposé au danger de perdre la vie ; 4° s'il

(1) *Donations*, t. III, n° 570.
(2) *Priviléges et hypothèques*, t. I, n° 216.

a causé à ses biens quelque dommage considérable ; 5° s'il a refusé d'exécuter les charges de la donation.

Ces cinq causes d'ingratitude avaient été admises dans l'ancienne jurisprudence française. Mais l'énumération n'avait pas paru assez complète aux jurisconsultes du temps, et beaucoup d'entre eux, parmi lesquels on peut compter Ricard, Vinnius et Pothier [1], avaient ajouté aux cinq cas d'ingratitude prévus par la loi 10, toutes les causes d'exhérédation exprimées dans la Novelle 115. Cette extension avait été généralement admise, malgré Furgole et Dumoulin, dont les protestations étaient cependant très légitimes. Enfin, une nouvelle cause d'ingratitude avait été introduite par les ordonnances, dans le cas où, pour nous servir des expressions de Furgole [2], « les enfants se marioient contre le » gré, vouloir et consentement de leurs pères et mères, sçavoir, les » fils qui n'avoient pas accompli la trentième année, et les filles » qui n'avoient pas accompli la vingt-cinquième année, même » lorsqu'ils auroient passé cet âge s'ils ne requéroient le con» sentement de leurs pères et mères. »

Du droit romain et de l'ancien droit, passons au Code Napoléon. L'article 955 précise trois cas de révocation pour cause d'ingratitude : 1° si le donataire a attenté à la vie du donateur ; 2° s'il s'est rendu coupable envers lui de sévices, délits ou injures graves ; 3° s'il lui refuse des aliments.

Avant d'entrer dans l'explication détaillée de l'art. 955, faisons observer que cet article est limitatif, et qu'en dehors des cas par lui spécialement prévus, tout acte quelconque, si immoral et si révoltant qu'il puisse être, n'est pas une cause de révocation des libéralités. Ainsi, et la remarque que nous

(1) Ricard, *Donat.*, IIIe partie, chap. VI, n° 690; Vinnius, *Inst. de donat.*, § 2, n° 6; Pothier, *Donat.*, sect. 3, art. 3, § 1.
(2) *Testam.*, chap. XI, sect. 1, n° 68.

venons de faire nous conduit tout naturellement à cette réflexion, les causes d'indignité de succéder prévues par l'art. 727 ne seraient pas une cause de révocation si elles n'étaient aussi prévues par l'art. 955. Eclaircissons ce point par la conparaison des deux articles précités et l'examen des trois cas d'indignité. Ces cas sont l'attentat à la vie du *de cujus*, l'accusation d'un crime capital jugée calomnieuse, et le défaut de dénonciation du meurtre du défunt par l'héritier. Le premier fait, prévu par l'art. 727, constitue un cas d'ingratitude, puisqu'il est aussi spécialement prévu par l'art. 955. Il en est de même du second, parce qu'il renferme implicitement une injure grave, mais il est évident que le troisième ne pourrait servir de cause à la révocation d'une donation. On voit par ce simple aperçu et l'on verra encore mieux dans la suite, que, malgré cette différence, l'art. 727 est bien plus restrictif dans ses termes que l'art. 955, et que, par conséquent, le législateur admet plus difficilement l'indignité d'un héritier que l'ingratitude d'un donataire. Quels sont donc les motifs de cette dissemblance? Ils sont nombreux, et nous citerons seulement les principaux.

1° Le donataire qui tient les objets donnés de la générosité du donateur, est bien plus coupable, lorsqu'il n'est pas reconnaissant, que l'héritier, qui ne tire ses droits que de la loi, sans que le *de cujus* ait eu spécialement l'intention d'être son bienfaiteur.

2° Un parent offensé par son héritier présomptif a le plus souvent la faculté d'exclure cet héritier de sa succession si la loi qui l'y appelle ne lui paraît pas assez sévère. Le donateur, au contraire, étant, par suite de la donation, irrévocablement dépouillé, est dans l'impossibilité d'ajouter à la sévérité du législateur, qui devait donc lui prêter un secours plus efficace.

3° Tandis que l'exclusion d'un héritier indigne trouble l'ordre légal des successions, qui est en quelque sorte d'intérêt public, la révocation des libéralités fait revivre cet ordre en ramenant les biens donnés dans la succession *ab intestat* du donateur.

Après cette courte digression, qui nous a paru nécessaire à l'intelligence de la matière, nous pouvons aborder l'explication des trois cas d'ingratitude prévus par l'art. 955.

I. *Attentat à la vie du donateur.* — Le premier cas d'ingratitude exprimé dans l'art. 955 est l'attentat à la vie du donateur. Attenter à la vie d'une personne, c'est lui donner, ou tout au moins tenter de lui donner la mort. L'art. 955 exprime donc sur ce point la même idée que l'art. 727, mais toutefois avec une différence ; car, tandis que l'art. 727 exige la condamnation du coupable par la justice criminelle, l'art. 955 se contente de l'existence du fait tel qu'il l'exprime, indépendamment de toute condamnation, sans qu'il soit même nécessaire qu'on puisse faire rentrer ce fait dans les qualifications de la loi pénale. Il peut donc se faire que le donataire qui a attenté à la vie du donateur, soit à l'abri de toute poursuite et de toute condamnation criminelle, par suite de la prescription décennale (art. 637, Inst. crim.), et que la révocation puisse néanmoins être prononcée contre lui, si le fait dont il s'est rendu coupable n'est venu à la connaissance du donateur ou de ses héritiers que depuis moins d'une année (art. 957).

Qu'on n'objecte pas à cette solution qu'aux termes de l'art. 637 (Inst. crim.), l'action civile naissant d'un crime se prescrit par le même laps de temps que l'action publique ; car l'action civile dont parle l'article précité, est l'action en dommages-intérêts, et ce n'est pas, dans notre espèce, de cette action qu'il s'agit.

Il pourrait arriver que la révocation pût être prononcée contre le donataire, alors même qu'il n'aurait jamais pu être en butte à une poursuite criminelle. Une hypothèse qui s'est déjà réalisée dans la pratique, fera facilement saisir notre pensée. Le donataire a résolu, pour empoisonner le donateur, d'introduire dans ses aliments une substance vénéneuse ; mais, trompé par une similitude apparente, il a employé une substance complétement inoffensive. Il est évident que le donataire a attenté à la vie du donateur dans le sens de l'art. 955, et pourtant il est incontestable que toute poursuite et, par conséquent, toute condamnation criminelle est impossible. En effet, il était matériellement impossible que le projet du donataire pût aboutir, et il manquait ainsi, pour constituer la criminalité du fait, la circonstance que les criminalistes nomment l'objet possible du délit.

Il résulte de ce que nous venons de dire, que Duranton a commis une erreur lorsqu'il a prétendu que le premier paragraphe de l'art. 955 faisait double emploi avec le second, par ce motif que l'attentat à la vie du donateur rentre dans la catégorie des délits, sévices ou injures graves ; car, ainsi que l'a fait remarquer M. Demolombe (1), la tentative d'un crime, dans laquelle l'objet possible du délit fait défaut, ne peut constituer ni délit, ni sévice, ni injure.

Une hypothèse voisine de la précédente et dans laquelle cependant il y aurait place pour le doute, serait celle où la tentative aurait manqué son effet par une circonstance dépendante de la volonté du donataire. En pareil cas, l'action du donataire ne pourrait être incriminée (art. 2, Cod. pén.) ; mais pourrait-elle donner ouverture à l'action en révocation de la donation? Il semble qu'on doive répondre affirmativement, parce qu'il y a eu, dans le sens vulgaire du mot, un attentat à la vie du donateur. La négative nous semble pourtant mieux fondée ; car le repentir de l'agent du délit doit lui faire obtenir pardon, au point de vue du droit civil comme au point de vue du droit criminel.

De ce que nous venons de proclamer il y a quelques instants, que l'attentat à la vie du donateur n'avait pas besoin, pour moti-

(1) *Donations*, t. III, n° 622.

ver une demande en révocation fondée sur l'ingratitude, de rentrer dans les qualifications du Code pénal, il ne faudrait pas conclure que l'intention perverse du donataire est inutile, et que, dans tous les cas où son action est innocentée par la loi criminelle, elle n'en est pas moins, en droit civil, constitutive d'ingratitude dans le sens de l'art. 955. C'est ce que nous allons établir en parcourant plusieurs hypothèses prévues par le Code pénal lui-même. (Art. 64, 327, 328, 329, 66, 321, 322, 324, 325 Code pénal.)

Aux termes de l'art. 64, il n'y a ni crime ni délit lorsque le prévenu était en état de démence au moment de l'action, ou lorsqu'il a été contraint par une force à laquelle il n'a pu résister. Il est évident que si le donataire avait attenté à la vie du donateur dans les circonstances prévues par l'article précité, il serait à l'abri de l'action en révocation comme de l'action publique; car aucune peine, même civile, ne peut être infligée à une personne pour une action dont il ne lui a pas été possible de s'abstenir.

Aux termes de l'art. 328 Cod. pén., il faudrait décider comme dans l'hypothèse précédente, dans le cas où le donataire n'aurait attenté à la vie du donateur que pour la légitime défense de lui-même ou d'autrui. Cette solution était déjà donnée par Guy Coquille (1) et par Furgole (2). Voici comment s'exprimait ce dernier : « Les mots *manus impias* que l'on trouve dans la loi dernière, au Code *de revocandis donationibus*, donnent à entendre » que si le donataire porte ses mains sur le donateur dans l'unique vue de se défendre étant attaqué, *et cum moderamine inculpatæ tutelæ*, il ne tombe pas dans le cas d'ingratitude, parce » que la défense légitime est permise : *Nam jure hoc evenit ut* » *quod quisque ob tutelam corporis fecerit, jure fecisse existimetur.* » (L. 3, ff, *de justitiá et jure.*)

(1) *Coutume du Nivernais*, chap. des fiefs, n° 66.
(2) *Testaments*, chap. XI, sect. I, n° 79.

Il n'est pas non plus douteux, en présence de l'art. 66, que le donataire mineur de seize ans qui aurait agi sans discernement, ne pourrait être assigné en révocation pour avoir attenté à la vie du donateur. Même décision dans le cas où le donataire majeur aurait agi par ordre de l'autorité légitime. (Art. 327 Cod. pén.)

A côté des hypothèses que nous venons d'examiner et dans lesquelles le doute est impossible, il en est d'autres qui peuvent donner matière à la controverse. Ainsi, la donation serait-elle révoquée si le donataire qui a attenté à la vie du donateur se trouvait dans un des cas d'excuse prévus par le Code pénal? Nous inclinerions vers l'affirmative; car, si l'art. 326 Cod. pén. mitige la peine, il la laisse subsister. C'est donc qu'il reconnaît encore dans la personne excusable une mauvaise intention qui ne permet pas de soutenir que le donataire n'a pas attenté à la vie du donateur dans le sens de l'art. 955 Cod. Nap.

Le cas de duel entre le donateur et le donataire est encore plus douteux que le précédent. Suivant M. Demolombe (1), dont l'opinion nous semble très plausible, la question devrait être résolue en fait, suivant les circonstances du duel et ses résultats, et surtout en examinant de quel côté a pu venir la provocation.

II. *Sévices, délits ou injures graves.* — La seconde cause d'ingratitude prévue par l'art. 955 consiste dans les sévices, délits ou injures graves dont le donataire a pu se rendre coupable envers le donateur. Analysons successivement ces trois catégories de faits.

Par sévices on entend les violences exercées sur la personne. Pour qu'ils soient une cause de révocation des donations, deux conditions sont nécessaires. Il faut d'abord que les violences aient un certain caractère de gravité, ce qui est laissé à la souveraine appréciation des juges, dont la décision pourrait être réformée

(1) *Donations*, t. III, n° 626.

par la voie de l'appel comme un mal jugé, mais serait à l'abri de la censure de la Cour suprême. Il faut, en second lieu, ainsi que le dit Pothier (1), que le donataire n'ait pas exercé les violences qu'on lui reproche *en se revanchant*. Ce sera donc encore une question de fait, laissée à la prudence du juge, d'examiner si le donataire n'a pas été en cas de légitime défense, ou même si le donateur n'a pas jusqu'à un certain point provoqué par sa conduite les mauvais traitements dont il a été l'objet.

Le mot délits, dans l'art. 955, est pris dans son sens le plus étendu, et désigne tous les faits prévus et punis par les lois pénales, et dont le jugement est attribué aux tribunaux répressifs des trois degrés. Ces délits, bien que l'on ait prétendu le contraire, peuvent s'appliquer aux biens comme à la personne du donateur, et nous dirons même qu'ils doivent bien plutôt s'appliquer aux biens dans l'intention du législateur, puisque les délits contre la personne sont certainement compris dans les sévices et dans les injures dont parle l'art. 955. Ce que nous avons dit des sévices au sujet de la gravité qu'ils doivent avoir, nous le répétons en parlant des délits. Ainsi, il n'est pas douteux qu'un délit sans gravité, comme celui qui consisterait dans un fait de chasse sur le terrain du donateur, ne saurait donner ouverture à une demande en révocation. Mais à quel critérium s'attacher pour apprécier la gravité des délits commis contre la propriété? Nous appliquerons à ce sujet la loi 10, au Code *de revocandis donationibus*, qui mesurait la gravité au préjudice éprouvé par le donateur : *Si jacturæ molem ex insidiis suis ingerat quæ non levem sensum substantiæ donatoris imponat*. Cette solution, tirée de la loi 10, était admise par Pothier (2) et par Furgole (3), et rien

(1) *Donations*, sect. 3, art. 3, § 1.
(2) *Donations*, sect. 3, art. 3, § 1.
(3) *Testaments*, chap. XI, sect. 1, n° 82.

ne prouve que le Code Napoléon ait eu l'intention d'innover sur ce point. Toutefois, indépendamment de l'importance du préjudice causé, il faudrait encore, ce nous semble, apprécier le plus ou moins de perversité de l'action, et il nous paraîtrait incontestable qu'alors même que le préjudice réel serait peu important, la donation pourrait être révoquée si l'acte commis par le donataire l'avait été avec l'intention bien arrêtée de vexer et d'affliger son bienfaiteur.

Des délits nous passons aux injures contre la personne du donateur. Par injure on entend toute atteinte à l'honneur, à la dignité et à la considération de la personne offensée. L'injure peut se traduire, soit par des paroles, soit par des écrits, soit même par des faits.

L'injure verbale consiste dans des propos outrageants et préjudiciables à l'honneur de la personne qui en est l'objet. Les injures écrites consistent dans les mêmes imputations que les injures verbales, mais elles présentent toujours par elles-mêmes une plus grande gravité, d'abord parce qu'elles impliquent plus de réflexion et partant plus de perversité, et ensuite parce que le préjudice qu'elles peuvent causer est toujours plus durable : *Verba quidem volant, scripta verò manent.*

En dehors des paroles et des écrits, les injures peuvent encore consister dans des faits. Ainsi, l'on ne saurait nier qu'en entretenant avec la femme ou avec la fille du donateur des relations criminelles, le donataire ne se rende coupable d'une injure et même de la plus grave des injures envers celui-ci. Ce point avait pourtant fait difficulté dans l'ancienne jurisprudence française, ainsi que nous l'apprennent Ricard (1) et Furgole (2). La difficulté venait des mots : *ità ut injurias atroces effundat,* contenus dans

(1) *Donations,* IIIe partie, chap. VI, sect. 1, n° 689.
(2) *Testaments,* chap. XI, sect. 1, n° 72.

la loi 10, au Code *de revocandis donationibus*. Le verbe *effundere* ne semblait s'appliquer qu'aux paroles et aux écrits, sans pouvoir s'entendre des actions. Cette interprétation ne manquait certainement pas de justesse au point de vue grammatical, mais elle était par trop contraire aux données du bon sens et de l'équité. Aussi avait-elle été rejetée par la pratique et le plus grand nombre des auteurs.

On conçoit facilement que toute espèce d'injures ne peut être une cause de révocation des donations, et que pour opérer ce résultat, elles doivent réunir certains caractères; elles doivent être graves et circonstanciées. La gravité d'une injure est un fait qui se sent plutôt qu'il ne s'explique, et sur ce point on ne peut guère tracer de règles au juge, qui aura pour principal guide sa conscience et ses impressions personnelles. Cependant on peut dire, en général, que la gravité de l'injure pourra être estimée eu égard au lieu où elle aura été commise, à l'éducation de celui par qui elle l'aura été et à la position de celui qui en aura été l'objet. Ainsi, l'injure adressée devant une réunion nombreuse ou à un haut personnage présentera par cela même plus de gravité que si elle avait été proférée devant peu de personnes et contre une personne d'une condition ordinaire. De même une parole grossière sortie de la bouche d'un homme sans éducation ne sera pas la preuve de l'ingratitude, comme si elle était prononcée par une personne peu habituée à s'en servir. Toutes ces nuances sont parfaitement déterminées par Pothier [1] : « Il faut aussi, dit-il, » pour que l'injure soit atroce, qu'elle tende à détruire la réputation du donateur dans les parties les plus essentielles, telles » que la probité, les mœurs. Celles qui attaquent les mœurs sont » plus ou moins atroces suivant la qualité des personnes. Ce » qu'on répand contre les mœurs d'une personne peut être une

(1) *Donations*, sect. 3, art. 3, titre 3, §.1.

» injure atroce à l'égard d'un ecclésiastique, d'un magistrat, » d'une personne du sexe, et ne l'être pas à l'égard d'une per- » sonne d'une condition différente. »

Les injures, pour constituer l'ingratitude, doivent, avons-nous dit, être non-seulement graves, mais encore circonstanciées, c'est-à-dire qu'elles doivent contenir l'imputation d'un fait précis et déterminé. Sur ce point écoutons encore Pothier (1) : « Il faut » aussi, pour que l'injure soit atroce, qu'elle ne soit pas vague, » mais qu'elle contienne des faits circonstanciés. Ainsi, il ne suf- » firait pas que le donataire dît en général que le donateur est un » fripon, un libertin ; il faut qu'il ait rapporté des faits déter- » minés et circonstanciés de friponnerie et de libertinage. La » raison en est que les injures vagues font peu d'impression, et » ne font tout au plus que jeter des doutes sur la réputation d'une » personne, mais ne vont pas la détruire. »

Maintenant que nous avons vu quels caractères devaient présenter les injures pour motiver la révocation des donations, nous devons, avant de nous occuper du dernier cas d'ingratitude prévu par l'art. 955, passer en revue quelques questions non prévues par la loi et dans lesquelles il peut y avoir matière à la controverse.

Parmi ces questions, il en est dans lesquelles il s'agit spécialement du cas d'injure, et d'autres dans lesquelles il peut s'agir soit de ce cas, soit de tout autre cas d'ingratitude, à l'exception toutefois du refus d'aliments. Commençons par les questions relatives aux injures.

Les injures verbales ou écrites peuvent-elles être une cause de révocation de la donation, si elles ne sont que l'expression de la vérité ? Cette question a été l'objet d'une controverse dans l'ancien droit. Pothier (2) tenait pour la négative, en s'appuyant sur

(1) *Donations*, sect. 3, art. 3, § 1.
(2) *Donations*, sect. 3, art. 3, § 1, tit. 3.

la loi 18, au Digeste, *de injuriis*, qui ne regarde pas la médisance comme une injure : *Qui nocentem infamavit, non est bonum et æquum ob eam rem condemnari.* Mais l'opinion contraire était soutenue par Ricard (1) et par Furgole (2), qui se fondaient sur ce motif que la vérité ne blesse pas moins que ce qui est faux, et qu'il suffit pour former l'ingratitude du donataire qu'il ait eu la pensée d'outrager le donateur. A quelle opinion devons-nous nous ranger aujourd'hui ? C'est évidemment à la dernière ; car, ainsi que le faisaient parfaitement remarquer Furgole et Ricard, il faut, lorsqu'il s'agit d'injures, considérer plutôt le cœur que l'extérieur. Il n'est pas admissible qu'on puisse permettre au donataire de jeter la honte et le mépris sur la personne de celui qui l'a comblé de ses bienfaits. Et, du reste, si la conscience et le sentiment le plus élémentaire du devoir ne protestaient pas également contre un pareil système, nous trouverions pour le réfuter un puissant argument dans les lois de 1819 (presse). D'après ces lois, l'injure qui consiste dans des imputations calomnieuses, ne peut pas s'excuser par la preuve des faits imputés. Cette preuve est refusée par le législateur, parce qu'elle serait la source d'un scandale plus grand encore que celui qui est produit par le délit lui-même. Or, si la loi a jugé qu'il devait en être ainsi en matière correctionnelle, lorsque le débat s'agite entre deux personnes étrangères et dont l'une n'est redevable envers l'autre d'aucun bienfait, à combien plus forte raison ne doit-il pas en être de même en matière civile, lorsqu'il s'agit d'un donataire qui, oublieux des devoirs de la reconnaissance, cherche à souiller la réputation du donateur. Du reste, Pothier lui-même sentait si bien tout ce que le système qu'il se croyait obligé d'admettre en présence de la loi 18, au Digeste, *de injuriis*, avait de

(1) *Donations*, IIIe partie, n° 693.
(2) *Testaments*, chap, XI, sect. 1, n° 74.

défectueux au point de vue moral, qu'après l'avoir établi, il s'empressait d'en restreindre les effets au point de le détruire : « Au » reste, ajoutait-il, la question ne reçoit guère d'application dans » la pratique ; car, quelque vrais que puissent être les faits que le » donataire a répandus contre la réputation du donateur, ils ne » passeront pas pour vrais, et le donataire ne serait pas recevable » à en demander la preuve. »

L'injure grave faite à la mémoire du donateur est-elle une cause de révocation de la donation? Cette question ne saurait, au point de vue de la raison et de la conscience, être douteuse dans le sens de l'affirmative; mais, si l'on combine les textes et les principes du droit positif, elle peut présenter de sérieuses difficultés. Suivant M. Demante(1), l'injure à la mémoire du donateur serait une cause de révocation de la donation. Cet auteur raisonne ainsi : D'après Pothier(2), l'injure grave à la mémoire du donateur était une cause de révocation de la donation, et rien ne prouve que le législateur ait voulu apporter une dérogation dans cette matière. Tout au contraire, la combinaison des art. 1046 et 1047 atteste évidemment son intention de maintenir l'ancien droit. En effet, l'art. 1046 déclare l'art. 955 applicable aux dispositions testamentaires; or, l'art. 1047 règle seulement la *durée* de l'action en révocation fondée sur une injure grave à la mémoire du défunt, s'en référant ainsi à l'art. 955 pour tous les autres points relatifs à cette action ; il s'ensuit donc que l'art. 955 veut parler de l'injure à la mémoire du donateur comme de l'injure qui lui est adressée de son vivant. A cet argument de texte on ajoute des considérations morales. L'action de celui qui injurie la mémoire du donateur, dit-on, est encore plus lâche et par conséquent plus révoltante que si l'injure s'adressait à la per-

(1) Tome IV, n° 98 *bis*.
(2) *Donations*, tit. 3, art. 3, sect. 3, § 2.

sonne même de ce donateur. Le châtiment doit donc pour le moins être le même dans les deux cas.

Ces divers arguments, séduisants au premier abord, ont été cependant repoussés par la majorité des auteurs et surtout par M. Demolombe [1]. Ce dernier a donné à l'appui de son opinion des raisons qui nous semblent décisives et que nous allons reproduire.

L'art. 955, qui passe en revue les cas d'ingratitude pouvant motiver la révocation des donations, ne dit pas un mot des injures à la mémoire du donateur; or, cet article contient des dispositions pénales que l'on doit toujours interpréter restrictivement, sans pouvoir jamais les étendre, quelque excellents motifs qui se présentent pour justifier une pareille extension.

On verra en étudiant l'art. 957 que les héritiers du donateur ne peuvent jamais exercer l'action en révocation pour cause d'ingratitude que par voie de transmission ; or, la transmission, on le conçoit, est impossible lorsqu'il s'agit d'une injure comme l'injure à la mémoire du donateur, qui ne peut jamais se manifester qu'après son décès.

A l'argument que M. Demante tire de l'autorité de Pothier, nous répondrons que l'opinion de ce jurisconsulte n'était pas généralement admise dans l'ancien droit et qu'elle était même rejetée par Furgole [2].

Enfin, l'argument tiré des art. 1046 et 1047 nous semble reposer en entier sur une confusion. Que résulte-t-il en effet de la combinaison de ces articles avec l'art. 955? Que les art. 955 et 1046 contiennent des dispositions identiques. Mais il ne faut pas conclure de là que l'art. 1046 et l'art. 1047 peuvent en tous points s'appliquer aux donations, et que l'art. 955 peut en tous

(1) *Donations*, t. III, n° 639.
(2) *Testaments*, chap. XI, sect. 1, n° 152.

points s'appliquer aux legs. L'identité dont nous venons de parler doit, au contraire, s'entendre *secundùm subjectam materiam*, et de ce que dans l'art. 1047 le législateur a supposé qu'en matière de legs, l'injure qui causera la révocation sera presque toujours faite à la mémoire du défunt, il ne faut pas plus conclure que la donation entre vifs est révocable en raison d'une injure à la mémoire du donateur, qu'il ne faut conclure de l'art. 955 que des legs seraient révoqués pour cause de refus d'aliments au testateur. M. Demante, nous le savons, n'est jamais arrivé à cette dernière conclusion; mais si son argumentation était vraie, il faudrait l'admettre, quelque absurde qu'elle soit.

Nous devons maintenant, ainsi que nous l'avons annoncé plus haut, revenir sur nos pas pour nous occuper, relativement aux deux premiers cas d'ingratitude prévus par l'art. 955, de quelques questions qui peuvent faire difficulté.

Il peut arriver que par erreur le donataire se soit rendu coupable de violences contre le donateur, en le prenant pour une autre personne. Que décider dans ce cas? Nous pensons que la donation ne peut être révoquée ; car, ainsi que le dit Furgole (1) : « L'ingratitude étant un vice de l'esprit et de l'âme, on ne peut » pas y tomber sans une intention formelle de frapper le dona» teur. » Par les mêmes motifs, dans le cas inverse du précédent, si le donataire frappait un tiers en ayant la pensée que ce tiers est le donateur, nous pensons que la donation pourrait être révoquée ; car, bien qu'il n'y ait aucun préjudice pour le donateur, on ne rencontre pas moins l'intention méchante et perverse qui est la base de la révocation pour cause d'ingratitude.

L'attentat à la vie du conjoint, des enfants ou des proches du donateur, les sévices, délits ou injures graves dont ces personnes sont l'objet de la part du donataire, peuvent-ils donner ouver-

(1) *Testaments*, chap. XI, sect. 1, n° 80.

ture à une demande en révocation de la donation? Si le donateur est décédé, la négative est évidente. En effet, comme le dit Pothier, l'offense ne peut rejaillir sur le donateur, ni être censée faite à lui-même. Ce n'est donc qu'au cas où le donateur est encore vivant, que la question peut présenter des difficultés. Aussi avait-elle été l'objet de quelques doutes dans l'ancien droit français. Cependant la solution affirmative était admise par nombre de jurisconsultes, au nombre desquels on compte Pothier et Furgole (1). Ces auteurs n'admettaient toutefois la révocation de la donation qu'autant que l'offense était assez grave pour rejaillir sur le donateur lui-même. Aujourd'hui l'on doit encore, à notre avis, suivre les errements de l'ancien droit; car, ainsi que nous le dit le § 2, aux Institutes, *de injuriis*, l'offense faite à la femme ou aux enfants d'une personne rejaillit sur cette personne. *Patitur quis injuriam non solùm per semetipsum, sed etiam per liberos suos, item per uxorem suam.* D'un autre côté, l'article 1113 Code Napoléon veut que les violences exercées sur la femme ou les enfants d'un contractant soient une cause de nullité des conventions, ce qui prouve que le législateur ne repousse pas la théorie du § 2, *de injuriis*. Enfin, il n'est pas soutenable que la loi, qui regarde comme une ingratitude les délits commis contre les biens du donateur, ne reconnaisse pas le même caractère à ceux qui attaquent les personnes qui lui sont le plus chères. Il n'est pas admissible qu'un donataire ne puisse voler une somme d'argent minime au donateur sans encourir la révocation de la libéralité qu'il a reçue, et qu'il puisse sans s'exposer à la même peine attenter à la vie de sa femme ou de son fils. Notre opinion étant ainsi exposée, nous ne voudrions toutefois pas admettre, comme certains auteurs, que les offenses commises contre les

(1) POTHIER, *Donat.*, sect. 3, art. 3, tit. 3, § 2; FURGOLE, *Testaments*, chap. XI, sect. 1, n° 81.

parents du donateur sont une cause de révocation des donations, de la même manière que si elles atteignaient directement le donateur lui-même. Il faudrait donc que ces offenses fussent assez graves pour qu'on puisse présumer que celui-ci a été aussi profondément peiné que s'il en avait été lui-même l'objet.

Les sévices, délits, injures graves ou autres attentats commis avant la donation, pourraient-ils en autoriser la révocation si le donateur n'en avait eu connaissance que postérieurement? La négative nous paraît incontestable, bien que l'opinion contraire ait été soutenue par certains auteurs. En effet, dans notre espèce, il faudrait pour obtenir la révocation arriver à la preuve de l'ingratitude du donataire; or, au moment où il s'est rendu coupable des faits qu'on lui reproche, il n'avait encore rien reçu du donateur; on ne peut donc l'accuser d'ingratitude, cette idée présupposant nécessairement un bienfait antérieur.

Pour que les sévices, délits ou injures graves puissent faire révoquer les donations, il faut qu'ils aient pour auteur le donataire lui-même ou du moins une personne ayant agi par ses ordres. Ceci nous amène à nous demander si l'ingratitude des héritiers du donataire les exposerait à la révocation de la donation faite à leur auteur. Il semble qu'on doive répondre affirmativement, parce que les héritiers du donataire profitent comme lui de la libéralité. L'opinion contraire est pourtant seule admissible, par cette raison bien simple, indiquée déjà par Furgole [1]. Le donataire seul peut être en butte à l'action en révocation, ainsi que nous l'expliquerons sous l'article 957 et que le décidait déjà la loi 10, au Code *de revocandis donationibus: Hoc tamen usquè ad primas personas tantùmmodo stare censemus.* Or, l'héritier du donataire, bien qu'il profite de la libéralité, ne peut pas être considéré comme donataire, puisqu'il ne tient pas son droit immé-

(1) *Testaments*, chap. XI, sect. 1, n° 152.

diatement du donateur. Du reste, si l'on voulait soumettre à la révocation pour cause d'ingratitude tous ceux qui auraient, directement ou indirectement, profité des objets donnés, on tomberait dans des difficultés pratiques inextricables.

Nous arrivons au point de savoir comment l'attentat à la vie du donateur, les sévices, délits ou injures graves, pourront être prouvés, et par qui ils devront l'être. Sur ce point, il n'existe aucun texte spécial à la matière, mais les principes généraux posés au titre *des obligations* suffisent. Nous décidons, en conséquence, que le fardeau de la preuve incombe au donateur demandeur en révocation, par application de l'article 1315.

Quant au mode de preuve que devra employer le donateur, nous appliquerons les articles 1341 et 1348. Alors même que la valeur de la demande serait indéterminée, ou excéderait cent cinquante francs, tous les moyens de preuve établis par le Code Napoléon, même les simples présomptions, seraient admissibles, parce que le demandeur a été dans l'impossibilité de se procurer une preuve écrite. Ces solutions n'étant, du reste, contestées par personne, de plus amples développements seraient complétement inutiles.

III. *Refus d'aliments.* Nous arrivons au dernier cas d'ingratitude prévu par l'article 955. D'après cet article, il y a lieu à la révocation des donations, dans le cas où le donataire refuse des aliments au donateur qui est dans le besoin. Bien que la théorie du Code Napoléon à cet égard soit d'une équité évidente, aucune disposition analogue, nous l'avons vu, n'existait dans les textes de Justinien, et c'était même, dans l'ancienne France, une question des plus controversées entre les commentateurs du droit romain, que celle de savoir si le refus d'aliments de la part du donataire pouvait motiver contre lui une demande en révocation fondée sur son ingratitude. Nous avons déjà exposé, en étudiant la loi 10, au Code *de revocandis donationibus*, les arguments invoqués par les partisans des deux systèmes opposés. Nous renvoyons à ces explications, en nous contentant de dire que l'opinion affirmative, admise par Furgole, était rejetée par Ricard, Dumoulin d'Argentré et Pothier, dont le sentiment a été suivi par les rédacteurs du Code Napoléon dans l'art. 955. Passons donc à l'étude de ce texte.

Les aliments sont dus au donateur par tout donataire quelconque, même à titre particulier, bien que Pothier (1) semble professer l'opinion contraire, car l'art. 955 est général et ne distingue pas, et, d'un autre côté, l'art. 959 n'apporte exception à cette généralité que pour les donations en faveur de mariage. Remarquons bien, du reste, que les aliments sont dus en dehors de toute stipulation relative à cet objet. Cependant il arrive souvent que le donataire s'oblige dans l'acte à fournir des aliments au donateur. Cette clause, qui au premier abord pourrait paraître surabondante, ne l'est pourtant pas; car, dans le cas où elle existe, la révocation ayant pour cause l'inexécution des conditions rejaillit contre les tiers. Dans l'hypothèse inverse, au contraire, la révocation a lieu pour cause d'ingratitude, et elle est, par conséquent, sans effet contre les tiers. Ajoutons que la stipulation des aliments présentera l'immense avantage de couper court à toutes les difficultés qui pourraient naître ultérieurement sur la quotité de la dette.

La révocation pour cause de refus d'aliments n'est possible qu'autant que le refus du donataire a été constaté. Voyons donc comment se fera cette constatation. Le donateur devra faire signifier au donataire ses prétentions par exploit d'huissier. Alors, si ce dernier ne satisfait pas à sa réclamation, il doit l'assigner en révocation devant le tribunal, qui, s'il juge que les prétentions du demandeur n'ont rien d'exagéré, devra lui adjuger ses

(1) *Donations*, tit. 3, sect. 3, art. 3, § 1.

conclusions. Remarquons, toutefois, que la révocation ne pourrait être prononcée si le donateur avait seulement conclu à ce qu'il lui fût fourni des aliments ; car, dans ce cas, en la prononçant, le tribunal statuerait *ultrà petita*, et ce serait là un vice qui rendrait sa décision annulable par la voie de la requête civile. (Art. 480, 3° procéd.)

Quelles conditions sont requises pour que le donateur ait le droit de réclamer des aliments.

Pour que le donateur puisse réclamer des aliments, il faut évidemment qu'il soit dans l'indigence et qu'il lui soit impossible de suffire à ses besoins par le travail auquel il peut se livrer eu égard à sa position, ou par tout autre moyen. A ce sujet, s'élève la question de savoir si des aliments sont dus au donateur alors qu'il a des parents auxquels il peut en réclamer et qui sont en état de lui en fournir. M. Duranton tient pour l'affirmative, par ce motif que la dette alimentaire est pour le donataire un devoir de reconnaissance dont la présence des parents du donateur ne peut l'affranchir. Nous préférons l'opinion contraire. En effet, le système de M. Duranton repose sur une pétition de principes. Le donataire ne peut manquer au devoir de reconnaissance qu'autant que le donateur est dans le besoin ; or, le donateur n'est pas dans le besoin lorsqu'il a des parents qui doivent et qui peuvent lui venir en aide. D'un autre côté, ainsi que l'a fait remarquer M. Demolombe, le système de M. Duranton arriverait à faire dire à la loi que les parent set alliés d'une personne, énumérés dans les art. 205 et 206, ne lui doivent plus d'aliments lorsqu'elle a épuisé sa fortune en donations, ce qui est inadmissible. Nous pensons néanmoins que le donataire pourrait être en butte à l'action en révocation si le donateur se trouvant dans un besoin urgent et dans l'impossibilité d'obtenir secours assez promptement des personnes désignées aux art. 205 et 206, il avait refusé de pourvoir provisoirement à ses besoins, sauf recours contre ces personnes.

Dans quelle mesure les aliments sont dus par le donataire.

Il va sans dire que les aliments dus par le donataire sont proportionnés à la valeur des objets donnés, et que pour en fixer le taux, il ne faudra pas considérer toute la fortune du donataire, mais seulement la portion de cette fortune provenant de la donation. Ceci posé, on se demande si cette portion pourrait être absorbée en entier. Dumoulin et Pothier pensaient qu'il pouvait en être ainsi, et rien ne prouve que le Code Napoléon ait voulu sur ce point déroger à l'ancien droit. Néanmoins, nous admettrions difficilement cette solution, parce qu'elle nous semble, lorsque la libéralité est modique, fournir au donateur, en dehors des cas restrictivement prévus par l'art. 955, un moyen facile de révoquer indirectement la donation qu'il a faite.

La révocation pour cause d'ingratitude peut être prononcée alors même que l'ingratitude est le fait d'une personne incapable d'aliéner, comme le mineur, l'interdit et la femme mariée. Quant au mineur (ou à l'interdit, car les mêmes règles sont applicables à ces deux catégories d'incapables), il ne faut pas entendre ce que nous venons de dire d'une manière trop générale, et il est utile de le limiter au cas où il a agi avec discernement. Dans ce cas, il ne peut y avoir aucun doute ; car l'ingratitude constitue un quasi-délit dont le mineur est toujours responsable, aux termes de l'art. 1310 Cod. Nap. Cette solution était déjà donnée par Ricard (1).

En ce qui concerne la femme mariée, il est évident qu'elle doit être soumise à la révocation pour cause d'ingratitude, et que sa

(1) *Donations*, IIIe partie, chap. VI, nos 679 et 680.

qualité ne peut pas la soustraire aux devoirs de la reconnaissance. Mais étant ainsi admis que la révocation peut être prononcée contre la femme, quel effet produira-t-elle à l'égard du mari, si le régime sous lequel il est marié lui attribue la jouissance des biens de sa femme? Distinguons, suivant que la donation a été faite antérieurement ou postérieurement au mariage. Dans le premier cas, il est évident que la révocation ne peut produire aucun effet contre le mari, par ce motif qu'il ne se serait pas marié s'il n'avait pas compté sur la jouissance des biens donnés. Il n'est donc qu'un tiers auquel la révocation ne peut porter préjudice, aux termes de l'art. 958.

Dans le second cas, c'est-à-dire lorsque la donation révoquée a été faite à la femme après le mariage, il y a plus de difficulté. Certains auteurs décident que le mari, n'ayant pu, au moment de son mariage, compter sur les biens donnés, ne peut en conserver la jouissance à l'encontre du donateur. Nous ne pouvons admettre cette manière de voir. En effet, que la jouissance des biens donnés ait été ou n'ait pas été le motif déterminant du mariage, peu nous importe. Il n'en est pas moins vrai qu'aussitôt que les biens donnés sont entrés dans le patrimoine de sa femme, le mari a acquis sur ces biens, par l'effet du régime matrimonial qu'il a adopté, un usufruit; que cet usufruit est un droit réel, et qu'aux termes de l'art. 958, les droits réels établis sur les biens donnés doivent être respectés en cas de révocation de la donation. Le mari n'est ici qu'un tiers, et nous ne voyons pas plus de raison de douter que s'il s'agissait d'un droit d'usufruit constitué par la femme au profit d'une personne quelconque.

Passons à une hypothèse inverse, et supposons que c'est le mari usufruitier des biens de sa femme qui s'est rendu coupable d'ingratitude envers le donateur. Il est évident que la révocation ne pourra, quant à la nue propriété des biens donnés, être prononcée contre la femme; mais ne pourrait-elle pas l'être contre le mari quant à son usufruit? Nous ne le pensons pas; car, ainsi que nous l'avons expliqué plus haut, le donateur ne peut agir en révocation qu'autant que l'offense a été commise contre sa personne par le donataire lui-même. Or, dans notre espèce, ce n'est pas le mari qui est donataire; donc, la révocation ne peut pas plus le frapper qu'un tiers acquéreur de la femme qui aurait offensé le donateur. Cette solution était déjà donnée par Ricard (1) et Pothier (2), qui en expliquaient ainsi les motifs: « Pour qu'il y ait lieu » à la révocation de la donation, il faut que ce soit le donataire » lui-même qui ait commis l'offense. Celle faite par le tuteur, » par le père et gardien, n'y donne pas lieu. Par la même raison, » lorsque la donation a été faite à la femme, l'offense commise » par son mari n'y donne pas lieu; lorsqu'elle a été faite à une » église, l'offense commise par le titulaire n'y donne pas lieu. Le » mari et le titulaire ne doivent-ils pas être privés du droit qu'ils » ont de jouir des choses données? Je ne le pense pas; car ni le » mari ni le titulaire ne sont donataires. L'injure commise par » eux n'est pas une injure commise par un donataire, mais une » injure ordinaire, qui ne doit être punie que des peines ordi» naires, et non en aucune manière par la peine de la révocation » de la donation, qui est une peine propre à l'offense commise » par le donataire. »

Aux termes de l'art. 956, la révocation pour cause d'inexécution des conditions ou pour cause d'ingratitude n'a jamais lieu de plein droit. Nous avons, en traitant la matière de l'inexécution des conditions, montré quel était le sens de cette proposition; nous avons fait voir que la révocation était facultative pour le donateur, qui pouvait l'invoquer ou ne pas l'invoquer, et qu'elle devait être prononcée en justice. Tout cela est vrai de la révocation pour cause

(1) *Donations*, IIIe partie, chap. VI, n° 676.
(2) *Donations*, tit. 3, art. 3, sect. 3, § 2.

d'ingratitude. Mais il n'en faudrait pas conclure, comme pourrait le faire penser la généralité de l'art. 956, que cette révocation opère exactement comme la révocation pour cause d'inexécution des conditions. En effet, dans le cas d'ingratitude, le juge, saisi de la demande du donateur, ne peut accorder au donataire aucun délai, comme en cas d'inexécution des conditions, et une fois les faits reconnus, il doit de suite prononcer la révocation. Ce n'est, du reste, pas la seule différence qui sépare les deux espèces de révocation, et l'étude des art. 957 et 958 en fera apparaître encore beaucoup d'autres.

Nous arrivons, avec l'art. 957, à l'étude de l'action en révocation pour cause d'ingratitude. Cette action est une action pénale, et c'est là un caractère dont nous aurons souvent à tirer des conséquences importantes. Une première conséquence, c'est que cette action doit être exercée dans un délai très bref, fixé à une année par le Code Napoléon. Le législateur a ainsi mis fin aux controverses de l'ancien droit, où trois opinions différentes se trouvaient en présence l'une de l'autre.

Dumoulin (1) et Furgole (2) voulaient que le donateur pût agir pendant trente ans à compter du jour du délit, par application de la loi 3, au Code *de præscriptione triginta vel quadraginta annorum*. Boutaric (3) et Maynard (4), au contraire, appliquaient la prescription décennale des actions rescisoires, parce qu'ils prétendaient que l'action dont nous nous occupons était une action rescisoire ; d'où ils tiraient cette conséquence, que pour l'exercer il fallait obtenir des lettres de chancellerie. Enfin, suivant une troisième opinion, professée par Ricard (5), il fallait distinguer

(1) *Sur la coutume de Paris*, § 43, gloss. 1, n° 51.
(2) *Testam.*, chap. XI, sect. 1, n° 174.
(3) Sur l'art. 33, ord. de 1731.
(4) Liv. VIII, chap. IX.
(5) *Donations*, IIIe partie, n° 729.

suivant la nature du cas d'ingratitude sur lequel on fondait l'action en révocation. S'il s'agissait d'un crime ou de tout autre fait puni par les lois pénales, la prescription était la même que celle de l'action publique, c'est-à-dire qu'elle s'accomplissait par vingt ans. S'il s'agissait d'une injure, l'action en révocation était une *actio injuriarum* prescriptible par un an, suivant les principes du droit romain. (L. 5, Code *de injuriis.*) Hors les deux cas ci-dessus, Ricard appliquait la prescription trentenaire établie par la loi 3, au Code *de præscriptione triginta vel quadraginta annorum.* Ajoutons à ce que nous venons de dire que, d'après le statut normand, l'action en révocation durait aussi longtemps que vivaient le donateur et le donataire.

Le Code Napoléon, ainsi que nous l'avons dit dès le principe, n'a admis aucun des trois systèmes de l'ancien droit, et, considérant l'action du donateur comme une action d'injures dans tous les cas, il en a fixé la durée à un an. Le point de départ de cette année n'est plus le jour du délit, mais le jour où le donateur a pu en avoir connaissance. Toutefois, il y a présomption que le délit a dû être connu le jour même où il a été commis, et au bout d'une année à compter de ce jour, ce serait au donateur à établir qu'il n'a pu avoir connaissance du délit que plus tard.

Ce que nous venons de dire, que le donateur peut agir pendant un an, n'est vrai qu'au cas où il n'aurait rien fait pour restreindre ce délai; car il est évident qu'il serait non recevable en sa demande, si le donataire pouvait prouver qu'il a obtenu un pardon, soit exprès, soit tacite. Furgole [1] et Pothier [2] professaient déjà cette doctrine, tirée du paragraphe dernier aux Institutes, *de injuriis,* par des motifs qui sont aussi vrais aujourd'hui qu'ils l'étaient à l'époque de ces jurisconsultes. En effet, relati-

(1) *Testaments,* chap. XI, sect. 1, nos 170-171.
(2) *Donations,* tit. 3, sect. 3, art. 3, § 5.

vement au pardon exprès, rien n'empêche le donateur de disposer de l'action qui lui appartient en y renonçant. Mais un point qui pourrait faire difficulté est celui de savoir si le donateur pourrait renoncer d'avance à la révocation pour cause d'ingratitude. Nous avons déjà résolu cette question en droit romain, et nous avons prouvé que la renonciation dont il s'agit serait contraire à l'ordre public, en ce qu'elle exciterait le donataire à mal faire. *Servanda non sunt pacta quæ ad delinquendum incitant.* (L. 5, ff, *de pact. dotal.*)

Ajoutons que si cette renonciation était licite, elle formerait dans les actes de donation une clause de style réduisant à l'état de lettre morte les dispositions si sages des art. 955 et 956.

Occupons-nous maintenant du pardon tacite. Ce pardon résulte de certains faits qui le supposent nécessairement. Ainsi la réconciliation entre le donateur et le donataire serait au nombre de ces faits. Il en serait de même de l'exécution de la donation, si l'injure était antérieure à cette exécution et connue du donateur au moment où il se dessaisit des objets donnés.

Le repentir du donataire ne produirait pas le même effet et ne saurait élever une fin de non-recevoir contre la demande en révocation ; car cette demande est pour le donateur un droit dont il ne peut être privé par un fait qui lui est étranger.

Mais une difficulté sur la matière consiste dans le point de savoir si, lorsque le fait d'ingratitude a été effacé par le pardon du donateur ou par l'expiration du délai fixé par l'art. 957, le donateur peut, en cas de faits nouveaux, faire revivre les faits anciens. L'affirmative a été soutenue par argument de l'art. 273 Code Napoléon. Cet article, relatif à la séparation de corps, autorise l'époux demandeur à faire revivre les faits antérieurs à la réconciliation, s'il se présente des faits nouveaux ; or, a-t-on dit, il doit, par analogie, en être de même dans la matière de la révocation des donations. C'est là, à notre sens, une erreur ; car l'art.

273 s'explique par ce motif, spécial à la séparation de corps, qu'il faut voir si la vie commune est ou n'est pas devenue insupportable aux époux. Ajoutons qu'il s'agit en cela d'une faveur, qui ne doit par conséquent pas être étendue.

C'est encore une question controversée de savoir si le délai d'un an, établi par l'art. 957, est un délai de prescription à proprement parler, ou si, au contraire, ce délai ne constitue qu'une simple déchéance. La question présente un intérêt pratique considérable; car, s'il s'agit d'une prescription, 1° on devra appliquer l'article 2252 Code Napoléon, et suspendre le cours du délai d'un an pendant la minorité ou l'interdiction du donateur ou de ses ayants cause; 2° on devra suspendre le cours du même délai entre époux pendant le mariage (art. 2253); 3° au lieu de n'admettre comme moyen de conserver l'action en révocation que la demande en justice, on devra admettre tous les modes interruptifs de la prescription édictés par les art. 2242 et suivants. L'intérêt pratique de la question étant ainsi établi, nous pensons qu'il s'agit, dans l'art. 957, d'une simple déchéance et non d'une prescription. Nous en trouvons la preuve d'abord dans la comparaison des art. 957 et 966. L'art. 966 déclare que l'action en révocation pour cause de survenance d'enfants sera soumise aux règles de la prescription, tandis que l'art. 957 ne dit rien à ce sujet à propos de la révocation pour cause d'ingratitude. D'un autre côté, si l'on admet que le délai d'un an, fixé par l'art. 957, est un délai de prescription, il faudra appliquer l'art. 2253 et décider que ce délai ne courra pas entre époux pendant le mariage. Or, cette décision conduirait à des résultats inadmissibles. Supposons, en effet, qu'une femme se soit rendue coupable d'adultère. Une année d'habitation commune empêchera le mari de demander la séparation de corps (art. 272, Code Napoléon), et cependant il pourra, quarante ans après, si le mariage n'est dissous qu'après cet espace de temps, arguer de l'adultère de sa femme pour demander la révocation des donations qu'il lui a faites. Quelque inadmissible que soit ce résultat, il est inévitable dans le système que nous rejetons. Il faut donc décider que le délai fixé par l'art. 957 ne constitue qu'une simple déchéance, fondée sur la présomption que le donateur, qui est resté un an dans l'inaction après avoir connu le délit commis contre lui, est réputé, au bout d'une année, en avoir accordé le pardon au donataire.

Nous avons dit plus haut que le donateur pouvait conserver au delà d'une année son droit à la révocation, en ayant soin de former une demande en justice avant l'expiration de ce délai. Mais que faudrait-il décider dans le cas où un époux donateur, injurié gravement par son conjoint, aurait formé contre lui dans l'année une demande en séparation de corps sans prendre des conclusions formelles en révocation de la donation? Le droit du donateur serait-il conservé? On a soutenu la négative en s'appuyant sur le texte de l'art. 957. Cet article, a-t-on dit, exige formellement une demande en révocation, en l'absence de laquelle le donateur est forcément déchu de son droit au bout d'une année. Nous préférons pourtant l'opinion contraire, par les motifs suivants : Cette opinion était admise dans l'ancienne jurisprudence française, et rien ne prouve que le législateur ait voulu y déroger. Ensuite, si au lieu de nous attacher servilement à la lettre de l'art. 957, comme le font nos adversaires, nous recherchons l'esprit de cet article, nous voyons que, loin de nous être opposé, il est dans notre sens. Où est, en effet, le principe de la déchéance qui frappe le donateur au bout d'une année? Il est dans une présomption légale de pardon ; or, nous le demandons, cette présomption peut-elle être raisonnablement admise dans l'hypothèse où l'époux outragé a agi en séparation de corps? Evidemment non. Cet époux doit donc conserver le droit d'agir en révocation,

L'action en révocation pour cause d'ingratitude du donataire est-elle héréditaire activement et passivement, peut-elle êt intentée par les héritiers du donateur et contre les héritiers du donataire? Sur ce point, l'ancienne jurisprudence française avait adopté la théorie du droit romain, ainsi formulée dans la loi 7, au Code *de revocandis donationibus : Actionem ità personalem esse volumus, ut vindicationis, id est vindictæ, tantùm habeat effectum, nec in heredem detur, nec tribuatur heredi.* L'action en révocation était donc essentiellement personnelle et ne pouvait être exercée ni par les héritiers du donateur, ni contre les héritiers du donataire. Une seule exception était admise lorsque l'action avait été intentée du vivant du donateur et du donataire, cas auquel elle devenait transmissible activement et passivement. Cette restriction résultait de la loi 139, au Digeste, *de regulis juris : Omnes actiones quæ morte aut tempore pereunt semel inclusæ judicio salvæ manent.* Toutes ces solutions sont admises par Furgole (1), Pothier (2) et Ricard (3). Pothier apporte toutefois une seconde exception au principe de la loi 7, et il pense qu'alors même que l'action n'aurait pas été intentée du vivant du donateur, ses héritiers pourraient l'intenter contre le donataire, dans le cas où l'ingratitude de celui-ci aurait été jusqu'à tuer le donateur.

Du droit romain et de l'ancien droit arrivons au Code Napoléon et examinons la question de transmissibilité de l'action en révocation, d'abord à l'égard des héritiers du donataire, et ensuite à l'égard des héritiers du donateur.

1° *Héritiers du donataire.* — Relativement aux héritiers du donataire, l'art. 957 reproduit le principe de la loi 7, au Code

(1) *Testaments,* chap. XI, sect. 1, n° 143.
(2) *Donations,* tit. 3, sect. 3, art. 3, § 4.
(3) *Donations,* IIIe partie, n° 705.

de revocandis donationibus, et refuse au donateur le droit d'agir contre eux. Aussi est-il incontestable que si la demande n'a pas été formée contre le donataire, elle ne peut l'être contre ses héritiers, alors même que son décès aurait été tellement rapproché du délit qu'il eût été matériellement impossible au donateur d'agir en révocation avant ce décès. Sur ce point tout le monde est d'accord. Mais lorsque le donateur a commencé les poursuites, peut-il, malgré le décès du donataire, les continuer contre ses héritiers? Question des plus controversées et qui a mis en opposition les jurisconsultes les plus éminents. L'affirmative est soutenue par MM. Toullier, Duranton, Troplong, Aubry et Rau [1], et la négative par MM. Demolombe, Mercadé, Demante et Mourlon [2].

Dans le premier système on argumente ainsi : Dans l'ancien droit français il était admis sans contestation que, par application de la loi 139, au Digeste, *de regulis juris*, l'action d'injures, bien que non transmissible contre les héritiers du donataire, pouvait cependant être continuée contre eux lorsqu'elle avait été commencée contre leur auteur. Or, rien ne prouve que le Code Napoléon ait voulu déroger aux anciens principes. Il résulte même de l'art. 957 qu'il a voulu les maintenir. Que dit-il, en effet? Que la révocation ne pourra être *demandée* contre les héritiers du donataire, c'est-à-dire *intentée*. Donc *à contrario*, il ne défend pas de la continuer, l'action déjà intentée. Du reste, ajoute-t-on, la mort du donataire est pour le donateur un fait étranger qui ne peut lui porter préjudice en le privant de son droit à la révocation. Ensuite, si en principe la loi refuse au donateur le droit d'agir contre les héritiers du donataire, c'est qu'il est jusqu'à un

(1) Toullier, t. III, n° 337; Duranton, t. VIII, n° 562; Troplong, t. III, n° 1328 (*Donations*); Aubry et Rau, t. VI, p. 110.

(2) Demolombe, *Donations*, t. III, n° 679; Mercadé, sur l'art. 957, n° 11; Demante, t. IV, n° 1[illegible]; Mourlon, t. II, p. 317.

certain point possible de douter si un pardon ne serait pas intervenu; or, un semblable doute ne peut exister en présence d'une demande en justice. Enfin, quelle bonne raison y aurait-il de faire, quant à la transmissibilité de l'action, une différence entre les héritiers du donateur, qui peuvent continuer l'action intentée par leur auteur, et les héritiers du donataire, contre lesquels elle ne pourrait être continuée dans le système opposé.

L'opinion contraire à celle que nous venons d'exposer nous paraît plus juridique. Nous l'adopterons donc, et nous allons dire pour quels motifs. L'ancien droit, qu'invoquent nos adversaires, ne peut être d'aucun poids dans la discussion, par la raison que l'art. 957 y a dérogé. Que dit, en effet, cet article? Il pose d'abord le principe que l'action en révocation est intransmissible aux héritiers du donateur et contre les héritiers du donataire, et, ce principe posé, il n'y apporte exception qu'à l'égard des héritiers du donateur pour le cas où les poursuites ont été commencées par leur auteur, le laissant subsister tout entier et sans aucune exception à l'égard des héritiers du donataire. Voilà, ce nous semble, un texte formel; et que nos adversaires ne viennent pas exercer leur subtilité grammaticale sur le sens du mot *demander*, qui se trouve dans l'art. 957; car toute demande formée en justice se continue jusqu'au jugement définitif, et *continuer une demande*, c'est toujours *demander*. La construction de l'article prouve, du reste, notre solution, et, puisque l'on veut des arguments grammaticaux, on devrait remarquer que l'art. 957 lui-même suppose au mot *demander* le sens que nous lui avons donné. En effet, cet article autorise les héritiers du donateur à *demander* la révocation, lorsque l'action a déjà été *intentée* par leur auteur. C'est donc que, dans l'esprit du législateur, le mot *demande* s'applique aussi bien à la continuation qu'à l'introduction d'une instance. Et, du reste, s'il en était autrement, il aurait été bien inutile d'accorder aux héritiers du donateur le droit de continuer l'action intentée par leur auteur. Etant ainsi établi que l'art. 957 exclut l'application de l'ancien droit à la question, reprenons successivement les arguments de nos adversaires pour les réfuter.

La mort du donataire, dit-on, est pour le donateur un fait complétement étranger, qui ne peut le priver du droit acquis pour lui de demander la révocation. Nous répondrons que cet argument repose sur une idée fausse du caractère de la révocation pour cause d'ingratitude. Le droit du donateur de demander la révocation n'est pas, comme le donne à penser l'argument que nous combattons, une indemnité pour le donateur; c'est une peine édictée contre le donataire; or, dès que ce dernier est décédé, aucune peine ne lui est applicable, et, par conséquent, la révocation n'aurait plus de raison d'être prononcée. Cela est si vrai que, de l'avis même de nos contradicteurs, la mort du donataire immédiatement après l'ingratitude commise empêche d'agir en révocation. Cette réflexion fait encore tomber l'argument consistant à dire que le donateur n'a pas voulu pardonner, car il est impossible, dans ce cas, de supposer que l'on pardonne à celui qui n'est plus, et pourtant l'action en révocation est impossible.

Quant à l'objection tirée de la différence que notre opinion établit, au point de vue de la transmissibilité de l'action en révocation, entre les héritiers du donateur et ceux du donataire, nous ferons remarquer que cette différence est parfaitement justifiée par le caractère pénal de cette action. Pour qu'un délit puisse recevoir le châtiment qui lui est dû, il faut que celui qui s'en est rendu coupable soit encore vivant; mais il n'est pas nécessaire que celui qui en a été victime soit là pour en demander vengeance.

Si, la révocation de la donation ayant été demandée en première instance, le donataire décédait après le jugement du tribunal et pendant les délais de l'appel, que faudrait-il décider ? Il est tout d'abord certain que le donateur ne pourrait interjeter appel si sa demande avait été rejetée, car l'appel est le principe d'une nouvelle instance qui ne doit, pas plus que la première, pouvoir être introduite après le décès du donataire. Dans l'hypothèse inverse, c'est-à-dire dans le cas où le tribunal aurait prononcé la révocation, soit que le donataire ait appelé ou n'ait pas appelé, nous croyons que ses héritiers ne pourraient ni commencer ni continuer l'instance devant la Cour ; car, si on leur accordait ce pouvoir, il faudrait permettre au donateur de soutenir la décision des premiers juges, ce qui amènerait à ce résultat que le donateur demanderait la révocation contre les héritiers du donataire, contrairement à l'art. 957. Il faut donc, ce nous semble, décider que le jugement du tribunal, ne pouvant être attaqué par personne, devra passer en force de chose jugée, et qu'ainsi la révocation de la donation subsistera.

2° *Héritiers du donateur.* — Nous arrivons à l'étude de la transmission de l'action en révocation pour cause d'ingratitude aux héritiers du donateur. En thèse générale, cette transmission n'a pas lieu ; mais l'art. 957, après avoir formulé ce principe, y apporte deux exceptions tellement larges, qu'ainsi que nous allons le voir, elles détruisent complétement la règle. La première exception consiste à rendre l'action transmissible du donateur à ses héritiers lorsqu'elle a été par lui intentée. C'est là, on le voit, l'application de la loi 139, au Digeste, *de regulis juris*, loi que nous avons refusé néanmoins d'appliquer aux héritiers du donataire, par des motifs que nous avons exposés plus haut. Sur cette première exception, on rencontre une difficulté que nous avons déjà résolue en faveur du donateur dans une espèce analogue. Il s'agit de savoir si l'action en séparation de corps intentée par le mari donateur contre sa femme donataire peut servir de base à ses héritiers pour intenter, après son décès, l'action en révocation pour cause d'ingratitude. Nous devons trancher la question affirmativement, par les mêmes motifs que nous avons déjà donnés et auxquels nous ne pouvons que renvoyer.

La seconde exception au principe de l'intransmissibilité de l'action en révocation se présente dans le cas où le donateur est décédé dans l'année du délit. Ses héritiers ont alors, pour agir en révocation, ce qui reste à courir de l'année en question. Cette seconde exception devrait être rejetée dans le cas où l'injure qui est le fondement de l'action en révocation, serait l'adultère de la femme. Dans ce cas, en effet, il faudrait revenir aux principes de l'ancien droit et décider que les héritiers du donateur ne pourront bénéficier de ce qu'ils sont encore dans l'année du délit. C'est que l'action, soit civile, soit publique, résultant de l'adultère de la femme, est une action si essentiellement personnelle au mari, que, sans son consentement, le ministère public lui-même ne peut agir. D'un autre côté, autoriser les héritiers du mari à demander la révocation des donations faites à la femme, pour cause d'adultère, ce serait ouvrir la porte à trop de scandales. Poussés par leur seul intérêt, les héritiers du mari ne craindraient pas toujours, pour satisfaire leur avidité, d'accuser d'adultère la femme la plus vertueuse, et de là naîtraient des troubles et des désordres qu'une bonne loi ne peut tolérer.

Quel est le point de départ du délai accordé aux héritiers du donateur pour agir en révocation? Certains auteurs, s'attachant plus à la lettre qu'à l'esprit de la loi, ont prétendu que ce point de départ était le jour du délit. Ils se sont appuyés d'abord sur les mots *année du délit* du second alinéa de l'art. 957, et ensuite sur ce que c'est là le seul moyen d'empêcher les exceptions posées dans l'article précité de détruire complétement la règle établie par le même article. Nonobstant ces motifs, nous regardons cette opinion comme erronée, et nous pensons que le délai accordé aux héritiers du donateur ne court que du jour où celui-ci a pu connaître le délit. En effet, pourquoi la loi veut-elle que le donataire soit à l'abri de toute poursuite au bout d'une année ? C'est parce qu'après cet espace de temps, elle présume un pardon ; or, pour que cette présomption soit possible, il ne faut pas que le donateur ait ignoré le délit. Ajoutons que, dans l'opinion que nous rejetons, on arriverait à ce résultat inadmissible, que si le donateur ignorant le fait d'ingratitude décédait une année après, le donataire jouirait de l'impunité, puisque ni le donateur ni ses héritiers n'auraient eu la possibilité d'agir en révocation. Remarquons encore que nos adversaires entendent trop littéralement l'art. 957, et que le deuxième alinéa de cet article doit être interprété par le premier. Enfin, qu'on n'objecte pas que dans notre système les exceptions admises par l'art. 957 détruisent la règle formulée dans le même article ; car la seule conséquence qu'on puisse tirer de là, c'est que la rédaction de l'art. 957 est vicieuse.

Etant établi que le délai accordé aux héritiers du donateur pour agir en révocation ne court pas du jour du délit, il faut rechercher si le point de départ de ce délai est le jour où ce délit a été connu du donateur, ou celui où il a été connu de ses héritiers. Nous inclinons vers la dernière opinion, car il ne serait pas rationnel de frapper ceux-ci d'une déchéance qu'ils ne pourraient éviter.

De l'étude que nous venons de faire sur les deux exceptions au principe de l'intransmissibilité de l'action en révocation, il résulte cette conséquence, dont nous avons déjà eu l'occasion de nous servir, à savoir que les héritiers ne peuvent intenter l'action en révocation qu'autant que leur auteur l'aurait pu lui-même ; en d'autres termes, que cette action ne peut leur appartenir que par voie de transmission.

Les héritiers du donateur peuvent, nous venons de le montrer, n'avoir qu'un délai très court pour agir en révocation dans le cas où le donateur mourrait peu de temps avant l'expiration de l'année pendant laquelle le délit a été connu de lui, et cependant ce délai courrait contre eux-mêmes pendant les trois mois et quarante jours qui leur sont accordés pour faire inventaire et pour délibérer. En cela la loi est vicieuse; car elle les force ou à prendre parti trop précipitamment, ou à perdre le bénéfice de l'action en révocation. M. Demolombe pense qu'on pourrait apporter un remède à ce fâcheux état de choses en permettant aux héritiers de demander au tribunal l'autorisation d'agir en révocation sans attribution de qualité. Cette manière de voir est trop équitable pour n'être pas admise.

Les successeurs aux biens ont-ils, comme les héritiers proprement dits, le droit d'agir en révocation des donations consenties par leur auteur, conformément à l'art. 957 ? On a soutenu la négative en s'appuyant sur ce que le mot *héritiers* contenu dans l'art. 957 ne pouvait s'appliquer qu'aux héritiers légitimes ayant la saisine légale. L'action en révocation pour cause d'ingratitude, a-t-on dit en faveur de ce système, est une action d'injures attachée à la personne du donateur et qui, en cette qualité, ne peut se transmettre qu'à ceux qui succèdent à sa personne, à l'exclusion de ceux qui succèdent à ses biens. Cette opinion nous semble erronée; car, d'abord le législateur n'a pas voulu employer le mot *héritier* dans son sens technique, et comme cela lui arrive le plus souvent, il a voulu comprendre sous cette dénomination tous ceux qui succèdent à l'universalité des biens. D'un autre côté, si nos adversaires avaient raison, il faudrait arriver à une conséquence qu'eux-mêmes n'oseraient admettre; il faudrait dire que les héritiers légitimes du donateur exerçant l'action en révocation à titre de parents, peuvent l'exercer alors même qu'ils renonceraient à sa succession.

Il résulte des principes que nous venons de poser, que les créanciers héréditaires pourraient exercer l'action en révocation alors qu'elle est dans les mains des héritiers du donateur. Mais la solution, on le comprend, serait toute différente avant la mort du donateur, parce que, à cette époque, cette action constitue un droit exclusivement attaché à sa personne. On a demandé, à ce sujet, si le donateur pourrait céder son action à un tiers. Nous pensons qu'il faut, à cet égard, user d'une distinction. Le donateur ne pourra faire cette cession tant que le donataire n'aura pas été ingrat. C'est qu'antérieurement son droit est tellement éventuel, qu'il ne comprendrait pas toute la portée de ce qu'il fait, si bien que plus tard l'action en révocation serait peut-être exercée malgré lui par son cessionnaire. Cette action devient donc cessible après que l'ingratitude a été consommée. M. Demolombe apporte cependant une restriction à cette solution, et selon cet auteur le donateur pourrait toujours pardonner malgré la cession qu'il a faite, et arrêter les poursuites du cessionnaire en l'indemnisant. Quelque équitable que soit cette opinion, elle ne nous semble pas admissible; car elle crée au profit du donateur une sorte de retrait qu'aucun texte n'autorise à établir.

L'art. 958, auquel nous arrivons, s'occupe du cas où les objets donnés ont été aliénés par le donataire, et dans cette hypothèse il règle les effets de la révocation d'abord à l'égard des tiers acquéreurs, et ensuite à l'égard du donataire lui-même. Etudions séparément ces différents effets.

I. — Effets de la révocation pour cause d'ingratitude à l'égard des acquéreurs du donataire.

La révocation pour cause d'ingratitude produit à l'égard des tiers acquéreurs des objets donnés des effets tout différents de ceux qui résultent de la révocation pour cause d'inexécution des conditions; car, au lieu de résoudre les droits de ces tiers, elle les laisse, au contraire, subsister à l'encontre du donateur (1). Ce principe était déjà posé dans la loi 7, au Code *de revocandis donationibus*, d'où il avait passé dans l'ancien droit français (2), et il est justifié par de nombreux motifs. D'abord l'action en révocation pour cause d'ingratitude est une action pénale qui a pour but de punir le donataire ingrat, et il serait injuste d'atteindre les tiers qui sont innocents. Ensuite, dans le cas d'ingratitude, la résolution a lieu par la volonté du donataire (*ex causâ voluntariâ, nec necessariâ*), qui ne doit pas pouvoir porter atteinte aux droits qu'il a conférés à des tiers. Enfin, dans le cas de révocation pour cause d'inexécution des conditions, on peut, jusqu'à un certain point, reprocher leur imprudence aux tiers qui, pouvant savoir si la donation était grevée de charges, ne devaient pas traiter avec le donataire avant l'exécution de ces charges. Le même reproche ne peut être adressé aux tiers en cas d'ingratitude; car il leur était impossible de prévoir le délit du donataire.

Les droits réels consentis par le donataire ingrat subsistent donc malgré la révocation de la donation ; mais, pour qu'il en soit ainsi, il faut que ces droits aient été consentis avant la demande en révocation , quand même ce serait postérieurement aux faits

(1) Le donateur devrait-il respecter les baux passés sans fraude par le donataire évincé? Pour ceux, comme M. Troplong, qui considèrent le droit du preneur comme un droit réel, la question se trouve résolue par l'article 958. Mais pour ceux qui pensent, au contraire, que le droit du preneur n'est qu'un droit personnel, la question présente des difficultés. Nous croyons néanmoins que, même en admettant cette seconde manière de voir sur la nature du droit du preneur, il faut lui permettre d'opposer au donateur son bail ayant date certaine. En effet, l'esprit du Code est de maintenir les droits résultant des baux à l'encontre des résolutions, même dans les cas où il ne juge pas à propos de maintenir les droits réels. L'art. 1673 en est la preuve, puisque, en cas de réméré, il laisse subsister les baux quoiqu'il prononce la résolution de tous les droits réels.

(2) Pothier, *Donations*, tit. 3, sect. 3, art. 3, § 4; Ricard, *Donations*, IIIe partie, nos 714-720.

d'ingratitude, ainsi que le décidait déjà la loi 7, au Code *de revocandis donationibus*. La demande en révocation affecte donc la donation d'une condition résolutoire, qui, si elle s'accomplit, rétroagira au jour de cette demande pour résoudre tous les droits réels consentis postérieurement. Mais pour que cet effet rétroactif se produise, il faut que la foi publique ne puisse pas être trompée et qu'un système de publicité fasse connaître à tous la demande en révocation. L'art. 958 a établi ce système seulement pour les donations d'immeubles, mais il nous sera facile, au moyen des principes généraux sur la vente des meubles et la cession des droits incorporels, de combler sur ce point les lacunes de la loi. Examinons donc successivement les trois hypothèses qui peuvent se présenter, suivant que la donation a eu pour objet des immeubles, des meubles corporels, ou des meubles incorporels.

1° *Immeubles.* — Quant aux immeubles, la demande en révocation de la donation est rendue publique par l'inscription d'un extrait de l'exploit d'ajournement en marge de la transcription de la donation. En cas d'urgence, l'inscription de la citation en conciliation suffirait, à charge par le demandeur d'inscrire ensuite l'extrait dont nous venons de parler. L'effet de cette inscription sera de rendre non opposable au donateur : 1° toute aliénation ou constitution de droits réels à titre gratuit ou onéreux, à elle postérieure ou même antérieure, si elle n'a pas été transcrite (art. 1er et 3, l. 23, mars 1855) ; 2° toute hypothèque consentie postérieurement ou même antérieurement, si elle n'a été inscrite que plus tard (art. 6, l. 23, mars 1855). Tout cela va de soi ; mais la difficulté commence lorsque la transcription de l'acte de donation n'a pas été faite. Trois systèmes ont été présentés sur ce point.

Suivant le premier de ces systèmes, la demande en révocation produirait à elle seule les mêmes effets que si elle avait été inscrite conformément à l'art. 958, et les tiers seraient censés la connaître indépendamment de toute inscription. Rien, dit-on, n'est plus juste que cette solution ; car les tiers ne devaient pas traiter avec le donataire sans s'informer si la transcription de la donation avait été faite. Ils auraient de la sorte évité toute espèce de risques. En effet, en l'absence de transcription, ils auraient dû s'abstenir de traiter avec le donataire, et, dans le cas contraire, ils auraient vu si l'inscription prescrite par l'art. 958 existait. Les tiers ont donc commis une faute dans le cas où la transcription n'a pas eu lieu, et ils doivent en subir les conséquences. Le système que nous venons d'exposer ne peut être admis, en raison de son opposition avec l'art. 941, qui défend au donateur d'opposer aux tiers le défaut de transcription (1).

Dans un second système, le donateur devrait requérir la transcription de la donation, et il pourrait ainsi inscrire en marge l'extrait de sa demande en révocation. Ce système, professé par M. Duranton (2), n'est pas plus admissible que le premier, parce qu'il fait au donateur une position par trop désavantageuse. En effet, pour procéder comme l'indique M. Duranton, le donateur serait obligé de faire l'avance de frais énormes de transcription, qu'il risquerait de ne jamais recouvrer du donataire.

D'après un troisième système, le donateur n'aurait qu'à faire inscrire sa demande sur le registre des transcriptions. Nous admettrons ce système, parce qu'il présente les mêmes avantages que les deux premiers, sans en avoir les inconvénients, et sauvegarde également les intérêts et du donateur et des tiers.

Cette première difficulté étant résolue, il s'en présente une autre. Les droits réels consentis aux tiers seraient-ils non opposables au donateur à défaut de l'inscription prescrite par l'art. 958, s'il était prouvé en fait que ces tiers connaissaient la demande en

(1) Demante, t. IV, n° 101.
(2) Tome VIII, n° 750.

révocation lorsqu'ils ont traité avec le donataire ? M. Coin-Delisle a soutenu que ces droits ne seraient pas opposables au donateur. Mais cette solution, équitable en elle-même, est trop directement contraire au texte de l'art. 958 pour pouvoir être admise. Nous nous y rangerions cependant dans le cas où l'acte constitutif de droits réels serait le résultat d'un concert frauduleux entre le tiers acquéreur et le donataire. (Arg. art. 1167 Code Napoléon.)

2° *Meubles corporels.* — Nous n'avons pas à étudier, à l'occasion de la révocation des donations de meubles corporels, les mêmes questions que nous venons de résoudre à l'égard des immeubles ; car la cession des meubles n'est soumise à aucune formalité de publicité. Nous dirons donc que la demande en révocation sera réputée connue indépendamment de tout mode de publicité, et que les aliénations consenties à des tiers postérieurement à cette demande ne seront dès lors pas opposables au donateur, sauf toutefois l'application du principe de l'art. 2279 dans le cas où les tiers seraient en possession et de bonne foi.

3° *Meubles incorporels.* — La cession des meubles incorporels est soumise par la loi à un système de publicité, qui consiste dans la signification du transport au débiteur cédé ou son acceptation dans un acte authentique. Appliquons donc ce mode de publicité à notre espèce. Nous dirons que le donateur devra faire signifier l'extrait de sa demande en révocation au débiteur de la créance. Qu'arrivera-t-il alors ? Il arrivera que toute cession consentie par le donataire postérieurement à la signification de l'extrait de la demande en révocation ou même antérieurement, si cette cession n'est signifiée ou acceptée qu'après la signification du donateur, sera nulle et non opposable à ce donateur.

I. — Effets de la révocation des donations pour cause d'ingratitude à l'égard du donataire dans le cas où les aliénations par lui consenties subsistent.

Dans le cas où les aliénations qu'il a consenties subsistent malgré la révocation de la donation, le donataire doit, aux termes de l'art. 958, deuxième alinéa, restituer au donateur la valeur des objets aliénés, eu égard au temps de la demande, et les fruits à compter du jour de cette demande. Cette disposition du Code Napoléon met fin à une controverse qui s'était élevée dans l'ancien droit. La difficulté résidait dans la loi 7, au Code *de revocandis donationibus*, qui voulait que le donataire, en cas de révocation pour cause d'ingratitude, restituât tout ce qu'il tenait *ex titulo donationis ;* or, pouvait-on dire qu'il tenait à titre de donation les sommes d'argent ou les objets qu'il avait reçus en échange des droits conférés par lui sur les objets donnés ? Dumoulin, Auroux et Furgole [1] tenaient pour cette interprétation et voulaient que le donataire ne pût rien retenir. Pothier [2] pensait, au contraire, que le donataire ne devait rien rendre. Ricard [3] embrassait la même opinion, sous le bénéfice, toutefois, d'une distinction entre les aliénations des objets donnés et les constitutions de droits réels d'une part, et les constitutions d'hypothèques d'autre part. Quant à ces constitutions d'hypothèques, Ricard admettait, comme Dumoulin, que le donataire devait indemniser le donateur de tout ce qu'il pourrait être obligé de payer aux créanciers hypothécaires. Quel était donc le motif

(1) Dumoulin, *sur la Coutume de Paris*, § 33, gloss. 1, n° 57; Auroux, *sur la Coutume du Bourbonnais*, art. 225, n° 32; Furgole, *Testaments*, chap. xi, sect. 1, n°s 160 et suiv.

(2) Pothier, *Donations*, tit. 3, sect. 3, art. 3, § 4.

(3) Ricard, *Donations*, III° partie, n°s 716-725.

de cette distinction? Le voici. Selon Ricard, la révocation n'était que l'accessoire de l'action d'ingratitude, et le donataire ne devait restituer les objets donnés qu'afin de ne pouvoir conserver le gage d'une amitié qu'il avait violée. En cas d'aliénation, ce motif n'existait pas, on le comprend, pour obliger le donataire à la restitution des objets donnés. En cas de constitution d'hypothèque, au contraire, il existait dans toute sa force. Voici, du reste, comment s'exprimait Ricard (1) à ce sujet : « La » raison de cette différence est qu'en cas d'hypothèque la chose » donnée était toujours demeurée vers le donataire, il en avait » toujours été le véritable *possesseur*, et l'engagement qu'il en » avait fait était relatif à une obligation principale, laquelle de» meurant particulièrement attachée à la personne du donataire, » c'est lui qui la doit acquitter et qui est tenu de décharger l'hé» ritage, qui n'y était qu'accessoirement obligé. »

Quoi qu'il en soit des controverses de l'ancien droit, le Code Napoléon, nous l'avons dit dès le début, oblige dans tous les cas le donataire à restituer au donateur qui l'évince la valeur des objets donnés, en cas d'aliénation, et, en cas de constitution de droits réels sur ces objets, la valeur de ces droits, et nous ne pouvons qu'approuver la décision du législateur sur ce point ; car, l'opinion de Ricard, à compter qu'elle fût exacte au point de vue des principes rigoureux du droit, ce qui serait encore contestable, n'en était pas moins d'une iniquité révoltante en ce qu'elle donnait toute faculté au donataire pour se jouer des pénalités infligées à son ingratitude. Le système adopté par le Code Napoléon peut être synthétisé en ces termes : Sous la réserve des droits des tiers, le patrimoine du donateur doit être remis dans le même état que si la donation n'avait pas existé. De là nous tirons les conséquences suivantes : 1° Si les objets donnés, aliénés

(1) *Donations*, IIIe partie, n° 720.

ou non aliénés, périssent par cas fortuit avant la demande en révocation, le donataire est complétement libéré ; 2° les améliorations ou détériorations survenues à ces objets par cas fortuit sont à l'avantage ou au préjudice du donateur ; 3° si ces mêmes améliorations ou détériorations viennent du fait du donataire, elles doivent être l'objet d'un compte entre lui et le donateur.

De la restitution des fruits.

Maintenant que nous savons ce que le donataire ingrat doit restituer en principal, nous devons nous occuper de la restitution des fruits produits par les choses données. C'était dans l'ancien droit une question controversée, de savoir à partir de quelle époque cette restitution devait avoir lieu. Ricard [1] voulait que ce fût à partir du jour de la révocation ; Furgole [2] faisait remonter cette époque au jour où l'ingratitude avait été commise. L'art. 958 a mis fin à cette difficulté, en déclarant que les fruits ne doivent être restitués que du jour de la demande en révocation. Le donataire ingrat est en cela mieux traité que l'héritier indigne, qui, aux termes de l'art. 729 Cod. Nap., doit restituer sans exception tous les fruits qu'il a pu percevoir. On a donné deux motifs pour justifier cette différence. Le premier, c'est que le donataire ingrat a perçu les fruits par la volonté du donateur lui-même, tandis que l'héritier indigne les a perçus, indépendamment de la volonté du *de cujus*. Le second motif s'appuie sur la maxime : *Fructus augent hereditatem*. Les fruits font partie de la masse héréditaire et doivent, par conséquent, suivre le même sort que le principal. En matière de donation, au contraire, les fruits perçus, même par un héritier ingrat, ont une existence distincte de celle des choses données.

(1) *Donations*, IIIe partie, n° 731.
(2) *Testaments*, chap. XI, sect. 1, n° 166.

Pour notre compte, nous dirons franchement que nous ne voyons aucun motif raisonnable pour justifier la différence que nous avons signalée, et que nous ne pouvons attribuer qu'à une inconséquence du législateur.

Quelles donations sont révocables pour cause d'ingratitude?

Pour terminer la matière de la révocation des donations pour cause d'ingratitude, nous devons rechercher si cette révocation est applicable à toute espèce de donations. Le Code Napoléon n'exceptant de la révocation que les donations en faveur de mariage, il s'ensuit que toutes autres libéralités y sont soumises. Il existe cependant quelques hypothèses douteuses qui ont donné lieu à des controverses, et que nous devons examiner. Tels sont les cas de donations rémunératoires ou avec charges, mutuelles, indirectes, déguisées sous forme de contrat à titre onéreux.

Les donations rémunératoires ou avec charges sont révocables, mais seulement jusqu'à concurrence de la portion qui excède le prix des services ou des charges. Telle était déjà la décision de Pothier [1], qui se justifie d'elle-même; car si le donataire ingrat mérite un châtiment, le donateur n'a droit à aucune indemnité, et si le premier devait rendre, sans déduction, les objets donnés, le second arriverait, en fin de compte, à s'enrichir au moyen d'une donation, ce qui serait contraire à tous les principes. Toullier [2] n'admet toutefois cette solution, à l'égard des donations rémunératoires, qu'avec une restriction pour le cas où le donataire n'aurait eu aucune action pour obtenir le paiement des services qu'il a rendus. Nous n'admettrions cette restriction que sous le bénéfice

(1) *Donations*, tit. 3, sect. 3, art. 3, § 3.
(2) Tome V, n° 186.

d'une distinction. En effet, l'absence d'action pour le paiement des services peut venir de deux causes. Elle peut venir : 1° de ce que les services rendus sont inappréciables pécuniairement ; 2° de ce que ces services, bien qu'appréciables, n'ont donné naissance qu'à une obligation naturelle. Dans la première hypothèse, nous pensons, comme Toullier, que la donation rémunératoire est révocable pour la totalité. Mais dans la seconde hypothèse, nous croyons qu'il faudrait faire déduction de la valeur des services ; car jusqu'à concurrence de cette valeur, le donateur a exécuté une obligation naturelle dont le paiement (art. 1235) ne peut être sujet à répétition.

Les donations indirectes ou déguisées sous la forme d'un contrat à titre onéreux sont, comme les libéralités ordinaires, révocables pour cause d'ingratitude ; car, s'il en était autrement, le donateur aurait toute facilité pour faire d'avance une renonciation qui, nous l'avons prouvé, doit être prohibée.

Restent les donations mutuelles, à l'égard desquelles se présentent de sérieuses difficultés. Aussi, la question de savoir si elles sont révocables pour cause d'ingratitude, était-elle déjà controversée dans l'ancien droit comme elle l'est dans le droit moderne. Pothier (1) tenait pour l'affirmative, Ricard (2) et Furgole (3) combattaient ce sentiment. Ce n'était pas que ces auteurs prétendissent que la donation faite à l'ingrat était irrévocable ; mais ils voulaient que le donateur offensé rendît aussi ce qu'il avait reçu par réciprocité. Que décider à ce sujet sous l'empire du Code Napoléon ? Nous inclinons vers l'opinion de Pothier, d'abord parce que si le donataire ingrat pouvait lui-même réclamer ce qu'il a donné, il ne subirait aucune peine, retrouvant

(1) *Donations*, tit. 3, sect. 3, art. 3, § 3.
(2) *Donations*, IIIe partie, n° 681.
(3) *Testaments*, chap. XI, sect. 1, n° 105.

d'un côté ce qu'il perdrait de l'autre. Ensuite, les art. 299 et 300 Cod. Nap. nous paraissent fournir, en faveur de notre système, un puissant argument d'analogie. En effet, ces articles, supposant que deux époux se sont fait des avantages mutuels et réciproques, et que l'un d'eux obtient contre l'autre le divorce, décident que les avantages faits au profit de l'époux condamné sont révoqués, tandis que les avantages faits au profit de l'époux demandeur subsistent. Voilà bien une donation mutuelle révoquée pour cause d'ingratitude, sans que le donataire évincé puisse reprendre ce qu'il a lui-même donné.

Nous pouvons maintenant nous occuper de l'exception à la règle de la révocation pour cause d'ingratitude, posée par l'art. 959, à l'égard des donations en faveur de mariage. Nous ferons tout d'abord remarquer que ce texte ne s'applique qu'aux donations faites en vue de déterminer un mariage, et que, par conséquent, ces donations doivent être contenues dans un acte antérieur au mariage. Sous le bénéfice de cette observation, nous allons nous occuper du point de savoir si l'art. 959 s'applique aux donations entre époux comme aux donations consenties par des tiers, question très controversée, dans laquelle la Cour de cassation, après avoir été longtemps en lutte avec les Cours impériales, a fini par revenir sur sa première jurisprudence, par un arrêt du 23 mai 1845, rendu contrairement aux conclusions de M. le procureur général Dupin.

Pour bien saisir cette importante question, il est nécessaire de la suivre depuis l'ancien droit jusqu'au Code Napoléon.

Dans l'ancienne jurisprudence, on établissait, quant à la révocation pour cause d'ingratitude des donations en faveur de mariage, une distinction entre celles de ces donations qui étaient faites par des étrangers et celles qui avaient lieu entre époux. Ces dernières étaient regardées comme révocables par l'unanimité des jurisconsultes et par le plus grand nombre des Coutumes [1]. Aucune controverse n'existait donc à leur égard. Mais il n'en était pas de même au sujet des donations consenties par des tiers (que l'on appelait donations en faveur de mariage, par opposition aux autres, que l'on désignait sous le nom de donations entre époux), et c'était une question controversée de savoir si elles étaient révocables pour cause d'ingratitude. Ricard [2] et Furgole [3] tenaient pour l'affirmative, tandis que la négative était professée par d'Expilly [4]. Lors de la rédaction du Code Napoléon, on a voulu mettre fin aux difficultés qui avaient existé dans l'ancien droit, et on a déclaré dans l'art. 959, que les *donations en faveur de mariage* ne seraient pas révocables pour cause d'ingratitude; or, le législateur a dû entendre ces mots *donations en faveur de mariage* dans le sens qu'ils avaient dans l'ancien droit, c'est-à-dire dans le sens de donations faites par des tiers à l'exclusion des donations entre époux. Les travaux préparatoires du Code montrent, du reste, parfaitement l'exactitude de ce que nous venons de dire. Dans le projet, l'art. 959 existait tel qu'il a été définitivement adopté. Mais dans ce projet le divorce était seul admis, à l'exclusion de la séparation de corps, et les articles correspondants aux art. 299 et 300 prononçaient la révocation des donations entre époux en cas de divorce. Or, en présence de ces art. 299 et 300, le législateur, à peine de se contredire lui-même, ne pouvait vouloir parler des donations entre époux dans l'art. 959. S'il en fallait la preuve, elle serait dans les paroles de Treilhard [5], qui présentait les dispositions pénales des art. 299 et 300 comme ayant leur source dans l'ingratitude de l'époux

(1) *Coutumes d'Anjou*, art. 314; *de Touraine*, 336; *de Bretagne*, 455; *de Normandie*, 376-377.
(2) *Donations*, IIIe partie, n° 682.
(3) *Testaments*, chap. XI, sect. I, n° 106.
(4) Chap. CXXVI.
(5) Fenet, t. IX, p. 488.

donataire. On a, il est vrai, modifié le projet primitif du Code, en établissant dans la rédaction définitive la séparation de corps à côté du divorce, mais il est évident que cette simple addition n'a pu modifier l'esprit dans lequel l'art. 959 avait été primitivement conçu. Du reste, dans les travaux préparatoires, on donne toujours pour motif de l'exception posée par l'article précité l'intérêt de la famille innocente, qui ne doit pas, en raison de l'ingratitude de l'un des époux, voir disparaître les biens qui lui sont nécessaires pour vivre. Or, quand il s'agit de donations entre époux, ce motif n'est pas applicable, puisque, par le fait de la révocation, les biens donnés ne cessent pas de conserver leur première destination. Ajoutons que si le législateur avait eu l'intention d'abroger les dispositions des anciennes coutumes sur la matière qui nous occupe, il se serait servi de termes plus explicites que ceux qu'il a employés. Enfin, qu'on n'oublie pas que dans le système que nous repoussons on prête au législateur les contradictions les plus incroyables, que l'on met l'art. 959 en opposition avec l'art. 299, et surtout avec l'art. 1518, qui révoque le préciput stipulé en faveur de l'époux contre lequel la séparation de corps a été prononcée.

Plusieurs objections sont adressées au système que nous venons d'exposer. Il est de notre devoir de les reproduire et de les réfuter.

1° On objecte que les art. 299 et 300, que nous invoquons, ont été abrogés et que, par conséquent, ils ne doivent plus être d'aucun poids dans la discussion. Nous répondrons : 1° que les art. 299 et 300 sont encore applicables aujourd'hui à la séparation de corps, et qu'ils ne sont donc pas entièrement abrogés; 2° qu'alors même qu'il en serait ainsi, leur abrogation, postérieure à la confection de l'art. 959, ne les empêcherait pas de montrer dans quel esprit cet art. 959 a été rédigé.

2° On objecte en second lieu que l'art. 1518 ne peut être invoqué dans la question; qu'en effet, si cet article prononce la révocation du préciput, ce n'est pas en raison de l'ingratitude de l'époux condamné, mais bien parce que la séparation de corps fait cesser la collaboration du mari et de la femme. — C'est là une erreur grave, car si tel était le motif de l'art. 1518, le préciput devrait sans distinction être révoqué, même au préjudice de l'époux innocent.

3° La dernière objection faite à notre opinion est tirée du texte de l'art. 959, dont la généralité, dit-on, ne permet pas de faire la distinction que nous avons adoptée. A cela nous avons déjà répondu qu'il est absurde de vouloir interpréter le Code par lui-même, et que pour en connaître le véritable sens, il faut recourir au droit ancien et aux travaux préparatoires, qui, nous croyons l'avoir prouvé, confirment pleinement l'opinion que nous avons émise.

L'époux qui demande contre son conjoint la révocation d'une donation pour cause d'ingratitude, doit être muni d'un jugement de séparation. Ainsi le décidait l'ancien droit (*Coutume d'Anjou*, art. 314), et rien ne prouve qu'on y ait dérogé. Il n'en devrait pourtant pas être ainsi à l'égard des héritiers de l'époux offensé, s'il était mort sans connaître le délit ou sans pouvoir le poursuivre. Dans cette hypothèse, pourvu que ces héritiers soient encore dans les délais et sauf le cas d'adultère de la femme, comme nous l'avons prouvé, ceux-ci pourraient commencer l'action en révocation, conformément à l'art. 957.

CHAPITRE III.

Révocation pour cause de survenance d'enfants.

L'origine de la révocation des donations pour cause de survenance d'enfants se trouve, nous le savons, dans la fameuse loi 8, au Code de Justinien, *de revocandis donationibus.* D'après cette loi, si un patron sans enfants avait donné à son affranchi tout ou partie de ses biens, cette donation devait être révoquée dans le cas où il lui survenait des enfants. Mais cette loi, qui ne prévoyait que le cas d'une donation faite à un affranchi, pouvait-elle être étendue à toutes autres donations? Telle était la grande question soulevée par les commentateurs du droit romain. Nous ne reviendrons pas sur cette controverse, que nous avons déjà exposée dans tous ses détails lorsque nous avons expliqué la loi 8, au Code *de revocandis donationibus.* Nous dirons seulement que l'extension de cette loi à toute espèce de donation fut de bonne heure consacrée par l'ancienne jurisprudence française, à tel point qu'à l'époque de Ricard, et pour nous servir des expressions de cet auteur, *la dispute était plus curieuse que profitable* [1]. Aussi cette extension fut-elle admise sans difficulté par l'ordonnance de 1731 (art. 39). Lors de la rédaction du Code Napoléon, on hésita si l'on regarderait encore la survenance d'enfants comme une cause de révocation des donations; l'art. 65 du projet, qui correspond à l'art. 960, avait même sur ce point rejeté la théorie de l'ordonnance de 1731, grâce aux efforts de MM. Treilhard, Tronchet et Bigot-Préameneu. Mais cette rédaction fut vivement combattue par Portalis et Cambacérès, qui firent adopter dans la rédaction définitive les principes de l'ordonnance de 1731, textuellement reproduite dans les art. 960 et suivants du Code Napoléon.

Le législateur a-t-il eu raison? Nous n'ignorons pas qu'en faveur de l'opinion émise par Tronchet militent de puissantes considérations de crédit public et d'économie politique; que le système adopté par le Code Napoléon peut jeter une fâcheuse incertitude sur la propriété. Mais, comme le dit une vieille maxime

(1) Ricard, *Donations*, IIIe partie, chap. v, n° 565.

de droit : *Non ab inconvenientibus metiri regulas*, ce n'est pas en s'attachant uniquement à ses inconvénients, sans en considérer les avantages, qu'on peut apprécier l'opportunité d'une disposition législative. Or, si le principe de la révocation des donations pour cause de survenance d'enfants présente un côté défectueux, il n'en est pas moins vrai qu'il est d'une immense utilité; car, en venant au secours de celui qui n'aurait pas donné s'il avait eu des enfants et s'il avait connu le sentiment de la tendresse paternelle, non-seulement la loi se conforme aux données les plus évidentes de l'équité, mais encore elle multiplie les mariages, que les sociétés civilisées ont toujours regardés comme l'élément le plus indispensable de l'ordre public.

L'origine historique et les motifs législatifs de la révocation des donations pour cause de survenance d'enfants étant ainsi établis, il nous reste à étudier cette matière d'après les textes du Code Napoléon.

Nous diviserons notre sujet en quatre sections. Dans la première nous poserons les conditions de la révocation, dans la seconde nous examinerons quelles donations peuvent être révoquées, dans la troisième nous rechercherons comment opère la révocation et quels en sont les effets, enfin dans la quatrième nous verrons quelles sont les causes d'extinction du droit qu'a le donateur de demander la révocation.

SECTION PREMIÈRE.

Conditions requises pour la révocation.

Les conditions requises pour la révocation des donations pour cause de survenance d'enfants sont posées dans les art. 960 et 961, ainsi conçus :

« Art. 960. Toutes donations entre vifs faites par des personnes qui n'avaient point d'enfants ou de descendants actuellement vivants dans le temps de la donation, seront révoquées de plein droit par la survenance d'un enfant légitime du donateur, même d'un posthume, ou par la légitimation d'un enfant naturel par mariage subséquent, s'il est né depuis la donation.

» Art. 961. Cette révocation aura lieu encore que l'enfant du donateur ou de la donatrice fût conçu au temps de la donation. »

De ces deux articles il résulte que deux conditions seulement sont requises par la loi, savoir :

I. Que le donateur n'ait pas d'enfants ni de descendants lors de la donation.

II. Qu'il lui survienne un enfant depuis la donation.

Examinons successivement chacune de ces conditions :

I. Le donateur ne doit pas avoir d'enfants ni de descendants actuellement vivants dans le temps de la donation, dit l'art. 960. Peu importe donc, contrairement à l'ancien droit [1], qu'il soit marié, veuf ou célibataire, qu'il ait eu des enfants ou descendants décédés avant la donation, ce qui prouve que la révocation n'est pas seulement, comme on l'a dit, fondée sur ce que le donateur ignorait le sentiment de la tendresse paternelle, mais encore et bien plutôt sur cette présomption qu'il n'aurait pas donné s'il avait eu des enfants. Quelque légitimes que soient ces motifs, l'absence d'enfants du donateur lors de la donation n'était pas regardée comme nécessaire par tous les jurisconsultes avant l'ordonnance de 1731, et malgré les mots *patronus filios non habens*, contenus dans la loi *Si unquàm*, Dumoulin, suivi en cela par beaucoup d'autres, avait prétendu, ainsi que nous le dit Ricard [2], que le bénéfice de cette loi pouvait être invoqué par celui qui avait déjà un enfant lors de la donation, dans le cas où

(1) Ricard, *Donations*, IIIe partie, n° 588.
(2) *Donations*, IIIe partie, chap. v, n° 593.

par la suite il lui en surviendrait d'autres. L'art. 39 de l'ordonnance de 1731, reproduit dans l'art. 960 du Code Napoléon, pourrait, par l'emploi qu'il fait au pluriel du mot *enfant* ou *descendant*, faire croire que la présence d'un seul enfant lors de la donation ne suffit pas pour mettre obstacle à la révocation. Mais cette manière de voir, qui ne repose que sur un jeu de mots, ne saurait être admise. Pothier (1) la repoussait déjà par des raisons qui ont encore toute leur force aujourd'hui. « La donation, dit-il, » faite par une personne qui n'avait qu'un enfant lors de la dona- » tion, ne serait pas comprise dans la disposition de l'ordon- » nance, bien que celle-ci s'exprime au pluriel ; car, dans l'usage » vulgaire de parler, il suffit qu'une personne ait un enfant pour » qu'on ne puisse dire qu'elle n'a pas d'enfants. *Non est sinè li-* » *beris cui unus filius unave filia est; hæc enim enunciatio, habet* » *liberos, non habet liberos, semper plurativo numero profertur.* » (L. 148, ff, *de verb. signif.*) Et, d'ailleurs, il est évident que la » raison de la loi ne milite que lorsque le donateur n'a point » d'enfant. »

Il est donc établi que la présence d'un seul enfant lors de la donation est un obstacle insurmontable à la révocation de cette donation, sans qu'il y ait lieu de distinguer suivant le sexe de cet enfant. Ce dernier point, incontestable aujourd'hui, était pourtant régi par d'autres règles dans l'ancien droit. En effet, Ricard (2) et même, depuis l'ordonnance de 1731, Furgole (3) et Pothier (4) admettaient sans hésitation que la présence d'une fille au moment de la donation n'était pas un obstacle à la révocation par la survenance d'un mâle, lorsque le donateur s'était dépouillé de ses biens en faveur d'un parent de même nom et de mêmes

(1) *Donations*, tit. 3, sect. 3, art. 2, § 2.
(2) *Donations*, IIIe partie, chap. V, n° 598.
(3) Sur la quest. 20 sur l'ordonn. de 1731, n° 8.
(4) *Donations*, tit. 3, sect. 3, art. 2, § 2.

armes. Il va sans dire que les principes de 1789 ont enlevé toute raison d'être à la théorie que nous venons d'exposer.

Le degré de l'enfant existant au moment de la donation serait tout aussi indifférent que son sexe ; car, ainsi que le dit la loi 84, au Digeste, *de verb. signif.*, dans un sens large on entend par fils les descendants à tout degré : *Filii appellatione omnes liberos intelligimus.* L'article 960 est, du reste, formel dans ce sens. C'est que l'aïeul est censé avoir reporté sur son petit-fils l'affection qu'il avait pour son fils.

C'était une question gravement controversée dans l'ancien droit avant l'ordonnance de 1731, de savoir si l'enfant conçu à l'époque de la donation pouvait par sa naissance révoquer cette donation. Dans le sens de la négative, on disait que le donateur dont l'enfant était conçu au temps de la libéralité avait déjà éprouvé la tendresse que l'on a pour ses enfants, qu'il ne pouvait donc invoquer le fondement principal de la loi *Si unquàm*, à savoir qu'il se serait abstenu de donner s'il avait prévu qu'il aurait eu des enfants. Dans le sens plus équitable et plus logique de la révocation, on répondait : Si le donateur dont l'enfant n'est que conçu a éprouvé le sentiment de la tendresse paternelle, ce n'est qu'imparfaitement, ainsi que l'exprimait Tiraqueau (1) dans ces paroles: *Major solet esse affectio erga filios qui jam sunt in rerum naturâ, quàm in nascituros, ut nos docet experientia, optima rerum magistra.* Il n'est donc pas certain que le donateur a disposé en parfaite connaissance de cause. Du reste, la loi *Si unquàm*, par ces mots *filios non habens*, suppose forcément des enfants vivants et non simplement conçus. C'est en vain que pour rentrer dans les termes de cette loi, on invoquerait la maxime : *Infans conceptus pro nato habetur;* car cette maxime n'est applicable que lorsqu'il s'agit des intérêts de l'enfant : *Quoties de ejus commodis agitur;*

(1) *Ad leg. Si unquàm.*

or, dans notre espèce, au lieu de favoriser ces intérêts, elle les contrarierait. Quoi qu'il en soit de cette controverse, elle a été tranchée par les art. 40 de l'ordonnance de 1731 et 961 du Code Napoléon, qui ont admis le système d'après lequel la donation est révocable.

Passons maintenant, sur la première condition requise pour la révocation des donations par survenance d'enfants, à l'examen de quelques questions dont la solution a donné lieu à des divergences dans la doctrine.

Et d'abord l'existence d'un enfant naturel reconnu à l'époque de la donation s'oppose-t-elle à ce que cette donation soit révoquée par la naissance postérieure d'un enfant légitime? Cette importante question, qui a mis en conflit des autorités considérables, doit être étudiée dans deux hypothèses différentes, suivant que la donation a été faite par le père naturel à un étranger ou à l'enfant naturel lui-même.

1re *hypothèse*. La donation a été faite à un étranger. Nous n'hésitons pas à décider que la donation doit être révoquée par la survenance d'un enfant légitime. Pour prouver cette thèse, nous allons suivre la question dans ses diverses phases depuis la loi *Si unquàm*. Dans le droit romain, la solution n'était pas douteuse, et tous les commentateurs sont unanimes dans le sens que nous proposons d'admettre. Ce point de droit passa donc, comme beaucoup d'autres, dans l'ancienne pratique française, et lorsque l'ordonnance de 1731 vint régler la matière des donations, elle consacra implicitement l'ancien état de choses, qui ne fut pas même l'objet d'une controverse (1). Les lois intermédiaires, et notamment l'art. 2 du décret de 1793, en assimilant les enfants naturels aux enfants légitimes, changèrent complétement la face

(1) POTHIER, *Donations*, tit. 3, sect. 3, art. 2, § 2; FURGOLE, quest. 18 sur l'ordonn. de 1731.

de la question ; mais, comme ces lois n'ont eu qu'une durée éphémère, nous n'en parlerons pas davantage, pressé que nous sommes d'arriver à l'époque de la rédaction du Code Napoléon. Ainsi que nous l'avons déjà fait remarquer, la survenance d'enfants considérée comme une cause de révocation des donations avait été rejetée dans le projet du conseil d'Etat ; mais, grâce à l'influence de Portalis et de Cambacérés, on revint sur cette première détermination, et le procès-verbal de la séance du conseil d'Etat déclara que l'on revenait purement et simplement au droit de l'ordonnance de 1731. C'est encore la pensée qu'exprimait Bigot-Préameneu, en présentant les résolutions du conseil au Corps législatif, lorsqu'il disait : « La règle de la révocation par survenance d'enfants a été maintenue telle que dans l'ordonnance de 1731 on la trouve expliquée et dégagée des difficultés qu'elle avait fait naître. » De tout cela il résulte la preuve évidente que l'existence de l'enfant naturel lors de la donation ne peut aujourd'hui produire d'autres effets que dans l'ancien droit, et que, par conséquent, le système auquel nous nous rangeons a été expressément admis par le législateur. Mais aux travaux préparatoires, dont l'autorité seule serait déjà suffisante, viennent se joindre d'autres arguments non moins décisifs. En effet, d'un côté l'art. 960, lorsqu'il exige que le donateur n'ait pas d'enfants ni de descendants vivants lors de la donation, ne peut vouloir parler que des enfants légitimes, puisque l'enfant naturel n'ayant pas d'autres parents que ses père et mère, ne peut pas avoir d'ascendants dans le sens légal du mot, dans le sens de l'art. 960. D'autre part, le principe sur lequel la loi se fonde pour rendre irrévocable la donation consentie par celui qui a un enfant légitime, ne peut pas s'appliquer, dans notre espèce, et alors même qu'il le pourrait, une loi honnête et morale peut-elle admettre qu'on a autant d'affection pour un enfant naturel que pour un enfant légitime ? Peut-on supposer que le père d'un enfant naturel donnerait également à un étranger s'il avait un enfant légitime? Cela n'est pas soutenable. Le donateur n'a donc pas disposé en parfaite connaissance de cause, et il est de toute nécessité que la loi vienne à son secours si elle veut établir une différence entre l'enfant naturel et l'enfant légitime, entre le concubinage et le mariage.

Le système auquel nous nous arrêtons étant ainsi établi, passons en revue les arguments sur lesquels repose le système contraire, professé par M. Troplong (1). En les réfutant, nous fortifierons encore l'opinion que nous avons adoptée. On a d'abord prétendu que l'ancien droit, le droit de l'ordonnance de 1731, ne pouvait être encore en vigueur aujourd'hui; qu'en effet les enfants naturels étaient à cette époque l'objet d'une proscription dont les a relevés le législateur moderne, et que les principes changeant, les conséquences de ces principes devaient subir le même sort. A cela nous répondrons que cette prétendue proscription n'a jamais existé dans l'ancien droit, et que si en quelque point le Code Napoléon s'est montré favorable aux enfants naturels, il n'a point voulu les relever de toutes les incapacités qui les frappaient auparavant, qu'il s'est même montré plus sévère que l'ancienne jurisprudence lorsqu'il leur a interdit la recherche de la paternité; que, du reste, quoi qu'il en puisse être de cette controverse, la preuve qu'en la matière qui nous occupe, leur position n'a pas été changée, résulte de l'art. 960 lui-même. En effet, aux termes de cet article, et de l'aveu même de M. Troplong, la survenance d'un enfant naturel est, aussi bien que dans l'ancien droit, impuissante à opérer la révocation de la donation. Est-il donc soutenable que son existence lors de la donation soit un obstacle à la révocation par la survenance d'un enfant légitime? En second lieu, M. Troplong a appuyé son sys-

(1) *Donations*, t. III, n° 1381.

tème sur ce que l'enfant légitime ayant l'action en réduction, si la donation est excessive, on peut sans être injuste ne pas admettre, dans l'hypothèse qui nous occupe, l'action en révocation. Nous ne comprenons pas ce que ce raisonnement peut faire dans la question ; car l'action en réduction et l'action en révocation sont tellement distinctes, soit par le but auquel elles tendent, soit par les personnes auxquelles elles appartiennent, qu'il nous semble impossible d'admettre que l'une de ces actions puisse exercer sur l'autre la moindre influence.

Enfin, on est allé jusqu'à prétendre que la preuve que l'ancien droit a été modifié, que le donateur ne doit pas avoir d'enfant même naturel lors de la donation, se trouve dans l'art. 960. Cet article, prévoyant la légitimation d'un enfant naturel, déclare qu'elle ne pourra opérer la révocation des donations qu'autant que la naissance de l'enfant légitimé sera postérieure à ces donations. Or, a-t-on dit, cela revient à dire implicitement qu'une donation ne peut être révoquée lorsqu'au moment où elle a été faite le donateur avait un enfant naturel. L'argument que nous venons de reproduire pèche par la base ; il est facile de le démontrer. En effet, il confond deux espèces bien différentes : 1° la révocation par la légitimation d'un enfant naturel déjà né à l'époque de la donation ; 2° la révocation par la survenance d'un enfant légitime dans le cas où il existait un enfant naturel à la même époque. Dans le premier cas, on comprend que l'existence de l'enfant naturel au moment de la donation en empêche la révocation ; car, la légitimation remonte, quant à ses effets, au jour de la naissance de l'enfant qui en est l'objet ; d'où il résulte que dans l'espèce il est réputé y avoir eu un enfant légitime au moment de la donation. Dans le second cas, au contraire, lorsque le donateur qui avait déjà un enfant naturel, vient demander la révocation parce qu'il lui est survenu un enfant légitime, on ne peut pas dire qu'il existait un enfant légitime au moment de la donation. Ces deux espèces étant ainsi bien distinguées, nous rétorquerons même contre nos adversaires l'argument que nous venons de reproduire, et nous dirons que si la loi avait voulu que l'existence d'un enfant naturel à l'époque de la donation eût quelque effet, elle n'aurait pas eu besoin de signaler ce résultat dans l'hypothèse spéciale de légitimation de cet enfant naturel.

A ce propos, nous ferons remarquer que notre système étant admis, il y aurait lieu à révocation par la légitimation d'un enfant naturel né postérieurement à la donation, alors même qu'il aurait existé antérieurement un autre enfant naturel.

Nous soutenons même que la naissance d'un enfant légitime postérieurement à la légitimation d'un enfant naturel né avant la donation, autoriserait une demande en révocation; car, bien qu'il existe déjà un enfant légitime avant la naissance dont nous parlons, il n'en est pas moins vrai qu'il n'y en avait aucun à l'époque de la donation, et que si la légitimation a été impuissante à opérer la révocation, ce n'est pas une raison pour que la survenance d'un enfant légitime ne produise pas ce résultat. Qu'on n'objecte pas à cette solution que, d'après ce que nous avons dit, la légitimation remontant au jour de la naissance de l'enfant légitimé, il y avait dans l'espèce un enfant légitime au moment de la donation; car cette rétroactivité n'a lieu qu'à l'égard de l'enfant légitimé, et seulement quand il est la cause de la révocation.

2e *hypothèse.* Nous arrivons à la seconde hypothèse, celle où la donation a été faite à l'enfant naturel lui-même. La présence de cet enfant au moment de la donation empêcherait-elle que la naissance d'un enfant légitime révoquât cette donation? Dans le sens de l'affirmative, on a invoqué les mêmes arguments que dans l'hypothèse précédente; puis on a ajouté : 1° que l'enfant naturel ayant des droits de succession sur les biens de ses père et mère, les donations qui lui sont faites dans les limites de ses droits, ne lèsent nullement les enfants légitimes, et que, par conséquent, il est inutile de prononcer la révocation en leur faveur; 2° que la donation que l'enfant naturel a reçue n'est que l'acquit d'une obligation naturelle. Malgré ces raisons, nous admettrons, dans la seconde hypothèse comme dans la première, que la donation est révocable. Nous nous appuyons sur les motifs que nous avons déjà déduits, rien n'autorisant à distinguer entre l'hypothèse où la donation est faite à un étranger et celle où elle est faite à l'enfant naturel lui-même. Il ne nous reste donc qu'à répondre aux nouveaux arguments spéciaux à cette dernière espèce. A l'argument tiré de ce que les droits des enfants légitimes ne sont pas lésés si la donation subsiste, nous répondons que ce raisonnement repose sur une confusion. En effet, en cas de révocation d'une donation pour cause de survenance d'enfant, il ne s'agit ni de régler la succession du donateur, puisqu'il est vivant, ni de savoir si la réserve des enfants légitimes a été ou non entamée, si ceux-ci peuvent ou non demander la réduction ou le rapport. Il s'agit d'un droit pour le donateur, qui s'est imprudemment dépouillé de ses biens; mais, encore une fois, ce droit n'appartient nullement à ses enfants, qui ne peuvent l'exercer qu'après sa mort et en qualité d'héritiers. Le second argument de nos adversaires, qui consiste à dire que la donation faite à l'enfant naturel n'est pas révocable parce qu'elle n'est que l'acquit d'une obligation naturelle, est très juste, et nous pensons, comme eux, que la donation qui, en raison de sa modicité, ne serait en réalité qu'un secours alimentaire pour l'enfant naturel, ne serait pas révocable. Mais, par cela même, toutes autres donations nous semblent devoir être révoquées. Loin donc d'affaiblir le système auquel nous nous sommes arrêté, ce dernier argument vient *à contrario* le favoriser.

Devrait-on adopter la même décision que nous venons de donner dans le cas où la donation aurait été faite à l'enfant naturel, par son père, dans le but de l'écarter de sa succession, conformément à l'art. 761? M. Demolombe (1), bien qu'il admette, en général, que la présence d'un enfant naturel lors de la donation n'est pas un obstacle à la révocation, admet pourtant l'opinion contraire dans le cas spécial, par ce motif que la donation est comme un arrangement intéressé de part et d'autre et qui a quelque chose de commutatif. Malgré ces raisons, nous pensons qu'il faut encore soumettre la donation à la révocation ; car il est probable que si le donateur avait pensé qu'il aurait à élever des enfants légitimes, il ne se serait pas, de son vivant, dessaisi d'une partie de ses biens comme il l'a fait.

Des enfants naturels, passons aux enfants adoptifs. Bien que l'opinion contraire ait été soutenue par M. Marcadé, nous n'hésitons pas à décider, avec la majorité des auteurs, que l'existence de ces enfants au moment de la donation n'est pas un obstacle à ce qu'elle soit plus tard révoquée. Nous nous fondons : 1° sur le texte de l'art. 960 ; les mots *enfants et descendants*, qui y sont compris, ne pouvant s'appliquer qu'aux enfants légitimes proprement dits ; 2° sur l'esprit de la loi. En effet, la révocation par survenance d'enfants repose sur cette présomption que le donateur se serait abstenu s'il avait senti la tendresse paternelle, s'il avait pensé qu'il pouvait lui survenir des enfants. Or, si cette présomption disparaît dans le cas où le donateur avait déjà des enfants légitimes, elle subsiste tout entière dans le cas où il n'avait que des enfants adoptifs, qui, de l'avis de tous, n'éveillent jamais dans le cœur de l'adoptant cette tendresse que la nature inspire aux parents pour leur descendance.

La présence, à l'époque de la donation, d'un enfant légitime né d'un mariage putatif, produirait-elle les mêmes effets que la présence d'un enfant légitime proprement dit? L'affirmative n'est pas douteuse lorsque l'époux donateur est de bonne foi ; mais que

(1) *Donations*, t. III, n° 732.

décider s'il est de mauvaise foi? Nous admettons encore la même solution dans cette hypothèse ; car, d'abord l'enfant étant réputé légitime, même à l'égard de l'époux de mauvaise foi, on ne peut pas dire que celui-ci n'avait pas d'enfant légitime au temps de la donation. D'un autre côté, si dans l'espèce on déclarait la donation révocable, on arriverait à ce résultat, peu moral, que l'époux de mauvaise foi serait mieux traité que l'époux de bonne foi.

L'enfant existant seulement dans la pensée du donateur, qui ignore sa mort, est-il un obstacle à la révocation de la donation? Si l'on ne consultait que l'esprit de la loi et ses motifs, il faudrait répondre affirmativement. Nous n'osons pourtant pas admettre cette solution, en présence du texte trop formel de l'art. 960, qui veut que le donateur n'ait pas d'enfants actuellement *vivants*. Par les mêmes motifs, dans l'hypothèse inverse, c'est-à-dire dans le cas où un père ferait une donation dans la fausse pensée que son fils est mort, nous déciderions que la révocation ne peut avoir lieu.

Que faudrait-il décider au sujet de l'enfant du donateur absent au moment de la donation? Dans l'ancienne doctrine[1], on considérait assez généralement comme décédé, l'enfant absent; mais, sous l'empire du Code Napoléon, la controverse s'est élevée sur ce point, et on ne compte pas moins de quatre opinions différentes.

Suivant une première opinion, soutenue par MM. Vazeille, Grenier et Delvincourt[2], il faudrait considérer l'enfant absent comme décédé. Ces auteurs se fondent sur l'autorité de l'ancienne jurisprudence; ils invoquent ensuite l'esprit de la loi. Il est certain, disent-ils, que sans l'absence de son enfant, le père n'aurait pas

(1) Ricard, *Donations*, IIIe partie, n° 596; Furgole, quest. 19 sur l'ordonn. de 1731; Pothier, *Donations*, tit. 3, sect. 3, art. 2, § 2.

(2) Vazeille, sur l'art. 960, n° 6; Grenier, t. I, n° 183; Delvincourt, t. II, p. 289.

donné; qu'il n'a donc pas disposé en parfaite connaissance de cause. Ils s'appuient, enfin, sur ce que la loi (art. 134, 135 et 136 Cod. Nap.) considère les individus absents comme décédés, puisqu'elle les déclare incapables de recueillir les successions auxquelles ils seraient appelés.

Une seconde opinion considère comme vivant le fils du donateur absent au moment de la donation. En effet, dit Toullier (1), qui adopte cette opinion, l'art. 960 exige que le donateur n'ait pas d'enfant *vivant*, et l'on ne peut pas dire qu'il en est ainsi dans l'hypothèse d'absence. Du reste, ajoute-t-il, si le donateur avait des doutes sur le décès de son enfant, il ne devait donner que sous la condition résolutoire du retour de cet enfant.

M. Dalloz (2) adopte une troisième opinion, intermédiaire entre les deux précédentes. Suivant cet auteur, il faudrait distinguer entre la présomption et la déclaration d'absence. Durant la première période, la présomption de vie l'emportant sur la présomption de mort, le père de l'absent devrait être réputé avoir donné en supposant son fils vivant. Dans la seconde période, au contraire, la présomption inverse l'emportant, le père donateur serait réputé avoir disposé dans la pensée que son fils était mort, et, par conséquent, la donation, dans ce cas seulement, serait irrévocable.

Enfin, suivant la quatrième et dernière opinion, émise par M. Demolombe (3), on devrait établir relativement à l'absence deux périodes, la première commençant à la disparition et finissant avec l'envoi en possession provisoire, et la seconde s'étendant de l'envoi en possession définitif au jour où la preuve du décès de l'absent est acquise. Irrévocable si elle était faite pen-

(1) Toullier, t. V, n° 299.
(2) *Répert.*, v° *Donations*, n° 1904.
(3) *Donations*, t. III, n° 739.

dant la première période, la donation serait révocable si elle était faite pendant la seconde. Cette opinion nous semble la plus raisonnable ; car, à la vérité, ce n'est qu'à partir de l'envoi en possession définitif, que le législateur veut que la présomption de mort l'emporte sur la présomption de vie. Jusqu'à cette époque, nous le voyons prendre des précautions infinies pour la conservation des biens de l'absent, et même exiger des cautions qui à ce moment sont déchargées. (Art. 129 Code Nap.)

La présence d'un enfant indigne de succéder à l'époque de la donation est-elle un obstacle à la révocation ? Avant l'ordonnance de 1731, la négative était assez généralement admise, par ce motif, donné par Ricard [1], que la conduite de l'enfant indigne était la cause de la donation, que le père irrité n'avait faite que pour le punir d'avoir manqué à ses devoirs envers lui. On ajoutait qu'il serait souverainement injuste de faire porter la peine des actions de son frère aîné à l'enfant qui survenait postérieurement. Bien que Pothier [2] paraisse se ranger à cette manière de voir, elle ne nous semble pas soutenable en présence des termes de l'art. 39 de l'ordonnance de 1731 et de l'art. 960 Code Napoléon, qui veulent que la révocation soit impossible dans le cas où le donateur avait des enfants *vivants* au temps de la donation.

Nous avons vu plus haut que le donateur auquel il survenait un enfant pouvait demander la révocation, même s'il avait eu des enfants déjà morts au moment de la donation. Faudrait-il donner la même solution s'il s'agissait d'enfants morts civilement ? La question présentait un grand intérêt avant la loi du 31 mai 1854. Mais, comme cette loi ne fait cesser les effets de la mort civile que pour l'avenir, le même intérêt pourrait encore se présenter aujourd'hui au sujet de donations faites avant le 31

(1) *Donations*, IIIe partie, chap. v, n° 597.
(2) *Donations*, tit. 3, sect. 3, art. 2, § 2.

mai 1854. L'intérêt de la question étant ainsi démontré, nous inclinerions vers l'affirmative; car, à tort ou à raison, l'art. 25 Code Napoléon voulait que l'assimilation la plus complète existât, au point de vue juridique, entre la mort naturelle et la mort civile. Telle était, du reste, la théorie admise dans l'ancien droit par Furgole et Pothier (1), et que tous les auteurs modernes, à l'exception de Toullier (2), ont admise dans leurs ouvrages. Est-il, du reste, possible d'admettre que la tendresse, qui est le fondement de la révocation, existait dans le cœur du père pour un enfant qui par sa conduite criminelle a souillé l'honneur de sa famille?

II. Nous arrivons à la seconde condition requise par la loi pour la révocation des donations, condition qui consiste dans la survenance d'un enfant au donateur. Nous aurons à étudier, sur cette deuxième condition, des questions analogues à celles que nous avons examinées sur la première, et que nous aurions peut-être pu exposer en même temps. Mais nous avons mieux aimé nous exposer à quelques redites, que de nuire à la clarté du sujet. Pour que la révocation de la donation faite par un homme sans enfants soit opérée, il faut donc qu'il survienne au donateur un enfant légitime. La naissance d'un enfant naturel ne pourrait produire le même effet; le texte est formel sur ce point, qui n'est pas même controversé. Quoique l'article 960 ne parle que de la survenance d'un enfant, il est évident que la survenance d'un petit-enfant serait également une cause de révocation. A ce sujet, il semble difficile qu'il puisse survenir un petit-enfant au donateur qui n'avait pas d'*enfants vivants* à l'époque de la donation. Mais la difficulté n'est qu'apparente, et pour la faire disparaître,

(1) FURGOLE, quest. 16 sur l'ordonn. de 1731; POTHIER, Introduct. au tit. XV de la *Coutume d'Orléans*, n° 102.

(2) Tome III, n° 300.

il suffit de supposer que le donateur a disposé postérieurement à la mort de son fils et qu'un enfant est né de la veuve de ce fils dans les dix mois qui ont suivi la mort de son mari. De là cette conséquence, du reste prévue par l'art. 960, que les enfants posthumes opèrent comme les autres la révocation des donations. Dans tous les cas, il faut que l'enfant soit né vivant et viable. Les anciens jurisconsultes discutaient, à ce sujet, de nombreuses questions, et entre autres celle de savoir si la révocation pourrait avoir lieu par la naissance d'un enfant mis au monde au moyen de l'opération césarienne. Nous laisserons de côté toutes ces discussions, qui tiennent plutôt à la médecine légale qu'au droit. Il suffit donc que l'enfant naisse vivant et viable et qu'il soit légitime. En dehors de ces conditions, le donataire pourra repousser la demande en révocation dirigée contre lui. Il ne faudrait pas conclure de là que le donataire serait admis à exercer l'action en désaveu contre l'enfant né légitime sous la protection de la règle : *Pater is est quem justæ nuptiæ demonstrant;* car, aux termes des art. 316 et 317, l'exercice de l'action en désaveu est réservé exclusivement au mari et à ses héritiers. Mais le donataire pourrait très bien exercer l'action en contestation d'état, vu que cette action appartient à toute personne intéressée. Il pourrait donc soutenir que la prétendue survenance d'enfant n'est que le résultat d'une supposition de part, et comme il a été dans l'impossibilité de se procurer une preuve écrite des faits qu'il allègue, il pourrait, conformément au principe de l'art. 1348, invoquer tous les modes de preuve admis en justice à l'appui de ses prétentions.

Ce n'est pas seulement la naissance d'un enfant légitime postérieure à la donation qui la révoque ; car le même effet est produit, d'après l'art. 960, par la légitimation d'un enfant naturel par mariage subséquent. Ce résultat est tout naturel, puisque les enfants légitimés sont placés par la loi dans la même situation que les enfants légitimes. Mais pour qu'il se produise, l'art. 960

exige que l'enfant légitime soit né depuis la donation. Il est deux motifs de cette condition. Le premier, c'est que la légitimation rétroagissant en quelque sorte au jour de la naissance de l'enfant, il se trouve, lorsque cet enfant est né avant l'époque de la donation, que le donateur est réputé avoir eu un enfant légitime à cette époque. Le second motif, c'est que si la révocation était opérée par la légitimation en dehors du cas prévu par l'art. 960, l'existence de l'enfant naturel produirait plus d'effet que celle de l'enfant légitime, contrairement à ce vieux brocard de Dumoulin : *Ne plùs valeat luxuria quàm castitas.*

Quelque rationnelle que soit la condition posée par l'art. 960 pour la révocation par la légitimation d'un enfant naturel, elle n'a pas toujours été exigée sans difficulté ni controverse ; car si Dumoulin, Furgole et Pothier (1) se prononçaient dans le sens de l'affirmative, l'opinion contraire, adoptée par Ricard (2), et par la jurisprudence des parlements, avait été consacrée par l'art. 39 de l'ordonnance de 1731. L'art. 72 du projet correspondant à l'art. 960 était resté dans les mêmes errements. Mais dans la rédaction définitive le législateur est revenu à l'opinion de Dumoulin, et il a ainsi apporté à l'art. 39 de l'ordonnance une modification très importante.

Un autre changement a encore été fait au même art. 39 par la suppression des mots *et non par aucune autre légitimation*, qui se trouvaient après les mots *par mariage subséquent*. Cette seconde modification, qui a affecté plutôt la lettre que le sens de l'art. 39, s'explique historiquement. A l'époque de la rédaction de l'ordonnance de 1731, il existait deux modes de légitimation : 1° le mariage subséquent, 2° le rescrit du prince. Or, l'art. 39 de l'or-

(1) Dumoulin, *de Donat. in contract. matrim. fact.*, n° 83; Furgole, quest. 17 sur l'ordonn. de 1731, n° 43; Pothier, *Donations*, sect. 3, art. 2, tit. 3, § 1.

(2) *Donations*, IIIe partie, chap. v, n° 599.

donnance, n'admettant comme pouvant révoquer les donations que la légitimation par mariage subséquent, avait dû exclure l'autre mode de légitimation par l'adjonction de ces mots, *et non par aucune autre*, mots que les rédacteurs du Code Napoléon ont retranchés comme inutiles du moment qu'ils supprimaient la légitimation par rescrit du prince.

Maintenant que nous avons vu quels sont les événements dont l'accomplissement peut opérer la révocation des donations, nous allons parcourir quelques espèces dans lesquelles l'application des principes que nous venons de poser peut présenter quelques difficultés.

L'adoption d'un enfant par le donateur révoquerait-elle les donations qu'il a consenties? Nous ne le pensons pas; car, ainsi que nous l'avons déjà établi plus haut, la tendresse et l'affection présumée, qui sont le fondement de la révocation par survenance d'enfants, ne se rencontrent pas dans l'espèce, et, d'un autre côté, si l'on admettait la révocation des donations par suite de l'adoption, on arriverait à ce résultat de permettre au donateur de révoquer toutes les libéralités qu'il aurait faites, par sa seule volonté et quand bon lui semblerait.

La survenance d'un enfant issu d'un mariage putatif opérerait évidemment la révocation pour cause de survenance d'enfants dans le cas où l'époux donateur serait de bonne foi; mais en serait-il de même dans le cas où cet époux serait de mauvaise foi? Sur ce point trois systèmes différents ont été émis.

1er *système*. Suivant M. Vazeille (1), l'époux donateur pourrait demander la révocation. Que veut, en effet, la loi, dit-il, pour que la révocation ait lieu? Qu'il survienne un enfant légitime au donateur. Or, dans l'hypothèse, malgré la mauvaise foi de ce dernier, on ne peut nier qu'il lui est survenu un enfant légitime, et

(1) Sur l'art. 960, n° 9.

l'on ne peut, sans prétendre être plus sage que la loi, se dispenser de l'appliquer.

2° *système.* Le second système, soutenu par MM. Duranton et Delvincourt (1), admet la révocation de la donation comme le premier, mais il veut qu'elle soit exercée par les enfants, à l'exclusion du donateur. Ce système s'appuie : 1° sur ce qu'on ne doit pas, comme dans le premier système, récompenser le donateur de sa mauvaise foi : *Nemo potest ex delicto consequi beneficium.* 2° sur ce que les enfants étant légitimes, on ne peut les priver du bénéfice de la révocation. Les enfants peuvent donc exercer l'action en révocation ; mais M. Delvincourt et M. Duranton se divisent sur la question de savoir à quelle époque ces enfants peuvent agir. Suivant le premier, ils pourraient agir de suite ; suivant le second, ils ne pourraient agir qu'après la mort de leur père : décision arbitraire et qui suffit à montrer le vice de ce système !

3° *système.* Suivant un troisième et dernier système (2), la donation serait irrévocable. C'est le système de l'ancien droit (3), auquel nous croyons devoir nous ranger. En effet, les deux premiers systèmes sont inadmissibles, le premier parce qu'il arrive à ce résultat immoral de récompenser la mauvaise foi de l'époux donateur, le second parce qu'en accordant aux enfants le droit d'agir en révocation, il part de ce faux point de vue, démenti par l'art. 964, que la révocation a lieu dans l'intérêt et au profit de ces derniers. Et qu'on ne vienne pas objecter qu'ici notre théorie est en contradiction avec celle que nous avons exposée plus haut, lorsque nous avons dit que l'existence d'un enfant né d'un mariage putatif avant la donation était un obstacle à sa révocation. En effet, les deux espèces sont bien différentes, et les solu-

(1) Duranton, t. VIII, n° 586 ; Delvincourt, t. II, p. 290.
(2) Demolombe, *Donations*, t. III, n° 745.
(3) Furgole, quest. 17 sur l'ordonn. de 1731, n° 32.

tions que nous avons données sur chacune d'elles, bien que contradictoires en apparence, résultent toutes deux de ce même principe, qu'en cas de mariage putatif, l'époux de mauvaise foi ne doit jamais pouvoir invoquer ce mariage en sa faveur, sous quelque prétexte que ce soit.

Nous avons exposé plus haut qu'après l'envoi en possession définitif, l'incertitude planant sur la mort d'un enfant absent n'était pas un obstacle à la révocation des donations consenties par le père. Ici nous devons nous demander si le retour de cet enfant peut révoquer ces donations comme les révoquerait la naissance d'un fils légitime.

Furgole et Ricard (1), dont le sentiment a été suivi par M. Troplong (2), pensaient que la donation devait être révoquée. La raison de cette décision était que le motif principal de la révocation s'appliquait au cas de retour de l'enfant absent, qu'en effet le père n'aurait pas fait la donation qu'il a faite s'il n'avait pas ignoré qu'il avait un enfant. Quelque séduisant que puisse paraître ce raisonnement, nous aimons mieux nous ranger à l'opinion contraire, professée par M. Demolombe (3). En effet, une condition essentielle, d'après l'art. 960, pour que la révocation puisse avoir lieu, c'est que le donateur n'ait pas eu d'enfant vivant au temps de la donation; or, le retour d'un enfant absent prouve de la manière la plus péremptoire le défaut de cette condition. D'un autre côté, dans le système que nous rejetons, on tomberait dans une incertitude et dans un arbitraire effrayants, puisqu'il faudrait subordonner le maintien ou la révocation de la donation à la preuve si périlleuse de l'opinion que le donateur avait de la mort de l'absent.

(1) FURGOLE, quest. 10 sur l'ordonn. de 1731; RICARD, *Donations*, IIIe partie, chap. V, n° 593.
(2) TROPLONG, t. III, n° 1378, *Donations*.
(3) DEMOLOMBE, t. III, n° 752.

Une question qui présente beaucoup d'analogie avec la précédente est celle de savoir si avant la loi du 31 mai 1854, le retour à la vie civile d'un enfant mort civilement était une cause de révocation des donations consenties par le père. Remarquons tout d'abord que cette question, malgré l'abolition de la mort civile, présente encore un intérêt pratique considérable à l'égard des personnes mortes civilement qui ont recouvré leurs droits par l'effet de la loi de 1854. Suivant Toullier (1), la révocation n'aurait pas lieu, par ce motif que, contrairement à l'art. 960, le donateur avait au moment de la donation un enfant actuellement vivant. Cette opinion nous semble reposer sur une fausse manière de voir ; car, ainsi que nous l'avons déjà dit, au point de vue légal, le mort civilement devant être assimilé en tout point à la personne morte naturellement (art. 25 Code Nap.), il en résulte forcément qu'au moment de la donation le donateur n'avait pas *d'enfant vivant* dans le sens légal du mot, et que, par conséquent, la révocation doit avoir lieu.

A côté des deux systèmes que nous venons d'exposer, M. Duranton (2) a proposé un système intermédiaire. Selon cet auteur, il faudrait distinguer suivant que l'enfant mort civilement rentre dans la vie civile par l'effet de lettres de grâce ou en purgeant sa contumace par sa représentation en justice après les cinq ans qui ont suivi l'exécution du jugement par effigie, conformément à l'art. 30 Code Nap., et ce serait seulement dans le second cas que la révocation des donations consenties par le père pourrait avoir lieu. Le motif de cette distinction serait dans ce principe que les lettres de grâce ne doivent jamais nuire aux tiers. Nous n'hésitons pourtant pas à persister dans l'opinion que nous avons précédemment adoptée, et nous ne croyons pas pour autant nous

(1) Tome III, n° 299.
(2) Tome VIII, nos 578 et suiv.

mettre en contradiction avec ce principe évident que les lettres de grâce ne peuvent jamais nuire aux tiers. En effet, si ces lettres, qui ne sont en quelque sorte qu'une loi privée, ne nuisent pas aux tiers, cela ne peut s'entendre que relativement aux droits qui sont acquis à ces tiers ; or, comme le fait remarquer M. Vazeille (1), un donataire n'acquiert jamais de droits contre la révocation future, laquelle dépend toujours des événements qui peuvent se produire. D'un autre côté, l'art. 5 de la loi du 31 mai 1854, en relevant de leurs incapacités les morts civilement, ne réserve que les droits acquis aux tiers, c'est-à-dire, en d'autres termes, que la loi précitée ne nuit pas aux tiers ; or, pourrait-on prétendre que le père d'un individu condamné à la mort civile avant 1854 ne peut, en raison de l'art. 5 ci-dessus, demander la révocation des donations qu'il a consenties, parce qu'il porterait atteinte aux droits des donataires ? Il est évident que non, et c'est pourtant là qu'il faudrait en venir si le système de M. Duranton était vrai !

SECTION II.

Quelles donations sont révocables pour cause de survenance d'enfants?

Dans l'ancienne jurisprudence, antérieure à l'ordonnance de 1731, il existait d'innombrables controverses sur le point de savoir quelles donations pouvaient être atteintes par la révocation pour cause de survenance d'enfants. Mais presque toutes ces controverses, que nous indiquerons à mesure que l'occasion s'en présentera, ont été terminées par l'ordonnance de 1731 et le Code Napoléon. Ces textes ont posé sur la matière une règle aussi simple que juste, à laquelle ils n'ont apporté que deux exceptions. Toute donation est en principe révocable, à l'excep-

(1) Sur l'art. 960, n° 5.

tion des donations en faveur de mariage entre époux, ou par les ascendants à l'un des conjoints; et pour qu'il en soit ainsi, il n'est pas nécessaire que les donations soient déclarées telles et revêtues des formes solennelles imposées par la loi. Tout ce qui est nécessaire, c'est qu'il y ait eu dans la réalité des choses une libéralité qui ait enrichi le donataire. Nous allons, par quelques espèces, éclaircir notre pensée. Ainsi seraient révocables les remises de dettes, les dons manuels, les stipulations en faveur d'un tiers dans le cas prévu par l'art. 1121, les renonciations à une succession ou à un legs dans le but de faire profiter un cohéritier ou un colégataire. Ce dernier point a été consacré avant l'ordonnance de 1731 par un arrêt célèbre du parlement de Paris, à la date du 12 avril 1551, rendu au profit de l'illustre Dumoulin, qui, sans enfants à l'époque du mariage de Ferry Dumoulin, son frère, avait renoncé, dans le contrat de mariage de ce dernier et en sa faveur, à tous ses droits successifs, tant paternels que maternels.

Il ne faudrait pourtant pas, à vue des principes que nous avons posés, regarder comme révocable le paiement d'une obligation naturelle; car, bien que le débiteur ne pût être forcé à exécuter cette obligation, il n'a pas fait une libéralité en l'exécutant.

Les donations déguisées sous la forme d'un contrat à titre onéreux seraient également révocables par survenance d'enfants. On serait tenté de faire deux objections à cette solution. On pourrait, semble-t-il, opposer au donateur qui demande la révocation: 1° qu'il ne peut se prévaloir de la fraude et de la dissimulation dont il est l'auteur, 2° qu'en adoptant la forme d'acte à titre onéreux, il a, par cela même, renoncé indirectement à l'action en révocation. Mais à cela nous répondrions: 1° qu'il n'y a fraude qu'autant que l'on fait indirectement ce qu'on n'aurait pu faire directement, ce qui n'est pas dans l'espèce; 2° qu'il est impossible d'interpréter l'acte déguisé dans le sens d'une renonciation indirecte, par la bonne raison que l'art. 965 interdit toute renonciation à l'action en révocation, qu'elle soit directe ou indirecte. Le seul point qui pourrait faire difficulté serait le point de savoir si la révocation pourrait, dans l'espèce, avoir effet contre les tiers acquéreurs de bonne foi. Cette difficulté a donné lieu à trois systèmes. Dans un premier système, adopté par la jurisprudence (1), la révocation ne pourrait produire effet contre les tiers acquéreurs de bonne foi. En effet, dit-on, le donateur en adoptant la forme d'un contrat à titre onéreux, a commis une fraude dont il est responsable, et lorsqu'il voudra évincer les tiers, ceux-ci lui répondront par la maxime : *Quem de evictione tenet actio, eumdem agentem repellit exceptio.* Ce système, ajoute-t-on, est, du reste, très juste ; car, si les tiers, en cas de donation consentie régulièrement, ont pu prévoir l'éviction possible par la naissance d'un enfant du donateur, il n'en est plus de même lorsque la donation a été déguisée sous la forme d'un contrat à titre onéreux, et l'éviction qu'ils subiraient serait une injustice criante, contraire aux nécessités du crédit public.

Dans un second système, admis par M. Troplong (2), on pense, au contraire, que les droits des tiers doivent être résolus, parce que l'art. 963 ne distingue pas entre le cas de donation faite régulièrement et le cas de donation déguisée.

Un troisième système, intermédiaire, a été imaginé par M. Demolombe (3). Il faudrait distinguer, suivant l'intention qu'a eue le donateur en adoptant la forme d'un contrat à titre onéreux : s'il a voulu faire une fraude au préjudice des tiers, la résolution n'aura pas d'effet contre eux ; mais il en sera autrement dans le cas où le donateur n'aura eu recours à la forme d'un contrat à

(1) Cassation, 14 décembre 1826.
(2) *Donations*, t. II, n° 1023.
(3) *Donations*, t. II, n° 622, et t. III, n° 760.

titre onéreux que pour un motif exempt de fraude, par exemple pour éviter des droits de mutation trop considérables. Ce dernier système nous semble inadmissible, car la distinction sur laquelle il repose causerait, dans la pratique, des difficultés d'appréciation, sources inépuisables de procès. Reste donc à choisir entre les deux premiers systèmes. Nous n'hésitons pas à adopter le second, et à décider que la révocation de la donation aura toujours effet contre les tiers acquéreurs. Voici nos motifs. Si l'on admettait que les tiers acquéreurs sont en sécurité au moyen de la maxime : *Quem de evictione tenet actio, eumdem agentem repellit exceptio*, on permettrait par là au donateur de rendre illusoire son droit de demander la révocation en déguisant la donation sous la forme d'un contrat à titre onéreux, en d'autres termes on l'autoriserait à faire indirectement une renonciation anticipée, formellement prohibée par l'art. 965. Quant à l'argument que le premier système tire des nécessités du crédit public, il a sans doute de la valeur, mais cependant il ne nous semble pas concluant ; car, si l'on voulait partir de ce principe que la foi publique ne doit pas être trompée, il faudrait arriver à cette conséquence, désavouée par tous les auteurs, que la révocation ne pourrait produire effet contre les détenteurs des biens donnés, s'ils en étaient propriétaires après plusieurs transmissions à titre onéreux consenties par le donataire et ses acquéreurs successifs, et cependant, comme dans le cas de donation déguisée, il est impossible que le tiers détenteur ait pu, lorsqu'il a acquis, prévoir l'éviction pour cause de survenance d'enfants.

Passons à l'examen de certaines donations au sujet desquelles il y a eu, avant l'ordonnance de 1731, des controverses qui ont motivé des dispositions spéciales de cette ordonnance reproduites par le Code Napoléon. En tête se placent les donations en faveur de mariage, faites aux conjoints par des tiers autres que leurs ascendants. Aux termes de l'art. 960, ces donations sont révocables par survenance d'enfants. Sur ce point il y avait eu des variations dans l'ancien droit. Dans le principe on avait généralement considéré les donations en faveur de mariage comme non révocables (1). Plusieurs Coutumes, entre autres celle d'Auvergne et celle du Bourbonnais (2), contenaient même dans ce sens des dispositions formelles. C'est que les donations en faveur de mariage ont quelque chose d'onéreux, et que, comme le disait Ricard (3), les conjoints ont sujet de dire « qu'ils ne se fussent pas » engagés dans les liens du mariage et à supporter les charges » d'une famille si ce n'eût été dans la considération de l'avantage » qu'ils avaient reçu. »

Mais Dumoulin, intéressé dans la question, soutint en 1551, devant le parlement de Paris, que la donation qu'il avait faite par contrat de mariage à son frère, devait être révoquée par la naissance d'un enfant qui lui était survenu. Le célèbre jurisconsulte obtint gain de cause, et depuis ce moment la jurisprudence adopta constamment l'opinion qu'il avait soutenue, et que Furgole motivait de la manière suivante (4) : « La considération du » mariage n'est pas suffisante pour faire regarder la donation » comme onéreuse, quoique de la part du donataire il y ait des » charges à supporter, parce que cela n'empêche pas que le donateur n'ait fait une véritable libéralité, puisqu'il n'y avait de » sa part aucun engagement ni aucune obligation capable de » faire changer le titre de la donation. »

Ajoutons à cela que les époux ont eu tort, qu'ils auraient dû prévoir les atteintes que la survenance d'enfants pouvait faire subir aux libéralités qu'ils avaient reçues, et ne pas y attacher plus d'importance qu'elles n'en méritaient.

(1) RICARD, *Donat.*, IIIe partie, chap. v, nos 606 et suiv.
(2) *Coutumes d'Auvergne*, chap. XIV, art. 33 ; *du Bourbonnais*, art. 223.
(3) RICARD, *Donation*, IIIe partie, chap. v, no 606.
(4) Quest. 11 sur l'ordonn. de 1731, no 4.

L'art. 960, par ces mots *de quelque valeur* que les donations puissent être, a encore tranché une controverse ancienne sur le point de savoir quelle devait être la quotité des donations pour qu'elles fussent révocables. Trois opinions étaient en présence.

Suivant la première, qui s'appuyait sur les mots *bona omnia vel partem* de la loi *Si unquàm*, la donation ne pouvait être révoquée qu'autant qu'elle affectait l'universalité ou une quote-part de l'universalité des biens du donateur (1).

Dans un second système, imaginé par Ricard (2), les donations n'auraient été révocables que si elles avaient été assez considérables, eu égard à la fortune du donateur, pour qu'on puisse supposer qu'il n'aurait pas donné s'il avait pensé avoir des enfants.

Enfin, d'après la jurisprudence du parlement de Toulouse, la donation d'une chose, même particulière, en argent ou en fonds, aurait été révocable pour cause de survenance d'enfants (3). C'est ce dernier système, nous le savons, qui a été adopté par l'ordonnance de 1731 et le Code Napoléon. Cependant, nous admettrions encore, avec Pothier (4), que les présents d'usage et les donations modiques d'objets mobiliers doivent être maintenus en cas de survenance d'enfants au donateur.

Passons aux donations mutuelles. Ricard (5) avait prétendu que ces donations n'étaient révocables par survenance d'enfants, qu'autant qu'il y avait du côté du donateur défendeur en révocation, un excédant et seulement jusqu'à concurrence de cet excé-

(1) Jacques Godefroy, sur la loi 3 au Code Théodosien, *de revocandis donationibus*; Cujas, sur le titre *de revocandis donationibus*, au Code de Justinien.

(2) *Donations*, IIIe partie, chap. v, n° 605.

(3) Furgole, quest. 14 sur l'ord. de 1731, n° 1.

(4) *Donations*, tit. 3, sect. 3, art. 2, § 1.

(5) *Donations*, IIIe partie, chap. v, n° 617.

dant. Quant au cas où les deux donations étaient parfaitement égales, ce jurisconsulte considérait l'opération intervenue entre les parties comme un contrat à titre onéreux, *do ut des,* affranchi en cette qualité de toutes les conditions de fond et de forme des donations entre vifs. Un pareil système était la source de trop de procès et de difficultés; aussi a-t-il été proscrit par l'ordonnance de 1731 et le Code Napoléon.

Les donations mutuelles inspirées par un sentiment d'affection réciproque, qui exclut toute idée de contrat à titre onéreux, sont donc aujourd'hui assujetties à toutes les règles qui régissent les donations, et, par conséquent, à la révocation pour cause de survenance d'enfants. Mais la révocation de l'une des donations doit-elle entraîner la révocation de l'autre? Nous inclinons vers l'affirmative, décidé que nous sommes par cette raison de Pothier [1] : « que celui auquel il n'est pas survenu d'enfant, ayant donné » en considération de la donation qui lui était faite, cette dona- » tion étant révoquée, la cause pour laquelle il avait donné » cesse, et il y a lieu à la *condictio causâ datâ causâ non* » *secutâ.* »

L'art. 960 soumet à la révocation les donations rémunératoires comme les donations mutuelles. Mais le donataire doit-il être indemnisé du prix des services qu'il a rendus? M. Grenier admet l'affirmative, mais seulement dans le cas où ces services seraient de nature à fonder une action en justice. M. Delvincourt, dont l'opinion nous paraît préférable, veut qu'il en soit de même au cas où les services rendus n'engendreraient qu'une simple obligation naturelle; car, ainsi que nous l'avons déjà dit à propos de la révocation pour cause d'ingratitude, il y a, jusqu'à concurrence de la valeur des services, un paiement à l'égard duquel l'art. 1235 n'admet pas la répétition. Tout ce que nous venons de dire

(1) *Donations*, tit. 3, sect. 3, art. 2, § 1.

des donations rémunératoires s'applique aux donations avec charges.

Nous arrivons à l'étude de deux espèces de donations que la loi déclare, par exception, non révocables pour cause de survenance d'enfants.

1er *cas*. La donation a été faite à un conjoint en faveur du mariage qu'il allait contracter, et par un de ses ascendants. Ce n'est pas là, à proprement parler, une exception; car l'ascendant qui donne à son descendant n'est pas sans enfants au moment de la donation. Pourquoi donc l'art. 960 présente-t-il cette hypothèse comme une exception à la règle générale, alors qu'elle n'en est qu'une application? L'art. 39 de l'ordonnance de 1731 contenait une disposition presque identique à celle de l'art. 960, et Pothier (1) expliquait la difficulté en disant que l'art. 39 de l'ordonnance avait voulu parler de donations faites par les conjoints à leurs enfants à naître. Mais cette explication, fort douteuse du reste, n'est plus possible en raison de l'art. 1093, qui défend aux conjoints de faire des donations à leurs enfants à naître, et surtout en présence du texte de l'art. 960, qui, sur la demande du tribunat, a modifié la rédaction un peu amphibologique de l'art. 39 de l'ordonnance de 1731, sur laquelle s'appuyait l'interprétation de Pothier.

Nous pensons, pour notre compte, qu'en exceptant de la révocation les donations faites par les ascendants aux conjoints, les rédacteurs du Code Napoléon ont voulu abroger une subtilité de Balde et de Ripa, qui, prétendant que la même personne ne pouvait jouer à la fois le double rôle d'enfant et de donataire, tiraient de là cette conséquence, que dans le cas où un ascendant aurait fait une donation par contrat de mariage à un descendant unique, cette donation serait révoquée par la survenance d'un second enfant.

(1) *Donations*, tit. 3, sect. 3, art. 2, § 1.

2° *cas.* L'art. 960 excepte de la révocation la donation entre époux par contrat de mariage. Dans l'ancien droit, c'était une question de savoir si pareille donation était révocable pour cause de survenance d'enfants. Dumoulin (1) tenait pour l'affirmative, et Ricard (2) pour la négative. L'ordonnance de 1731 et le Code Napoléon ont suivi ce dernier sentiment pour deux motifs : d'abord parce qu'on a craint d'intéresser les époux à ne point avoir d'enfants, ensuite parce que dans l'hypothèse on ne rencontre pas l'intérêt des enfants, auxquels il importe peu de trouver les biens donnés dans la succession de l'un ou de l'autre des époux. Ce motif semblerait devoir faire décider que dans le cas où l'époux donateur convolerait en secondes noces après le décès de l'époux donataire sans enfants, les enfants issus du second mariage devraient opérer la révocation de la donation au préjudice des ascendants ou des collatéraux du donataire. Cette décision, très équitable, était admise par Furgole (3), et elle l'a été, depuis la rédaction du Code Napoléon, par MM. Grenier et Delvincourt. Nous croyons, toutefois, devoir la rejeter, en raison du texte trop formel de l'art. 960, et nous contenter de former des vœux pour que le législateur apporte sur ce point une modification réclamée par la logique et l'équité. En attendant, l'époux donateur aurait un moyen de parer aux inconvénients que nous venons de signaler, en stipulant le droit de retour pour le cas où le donataire décéderait sans enfants.

L'exception dont nous venons de parler ne s'appliquerait pas aux donations qui interviendraient entre futurs époux, avant que leur mariage fût projeté. Mais s'appliquerait-elle aux donations entre époux pendant le mariage? Furgole (4) admettait l'affirma-

(1) *De Donat. in contract. matrim. fact.*, n° 5.
(2) *Donations*, III° partie, chap. v, n° 889.
(3) Comment. sur l'art. 39 de l'ordonn. de 1731.
(4) *Loc. dict.*

tive. Aujourd'hui, la même solution résulte de l'art. 1096. Le motif de cette solution, c'est que les donations dont nous venons de parler étant révocables *ad nutum*, il n'était pas besoin de les assujettir à aucun mode spécial de révocation. C'est le même motif sur lequel on se fondait, dans l'ancien droit, pour décider que les donations à cause de mort n'étaient pas révocables pour cause de survenance d'enfants.

SECTION III.

Comment opère la révocation des donations pour cause de survenance d'enfants et quels en sont les effets?

C'était un point controversé dans l'ancienne jurisprudence que celui de savoir si la révocation pour cause de survenance d'enfants opérait de plein droit, de manière à donner l'action en revendication au donataire, ou si, au contraire, elle n'opérait que judiciairement et ne donnait à ce dernier qu'une action personnelle. Nous avons, en commentant la loi *Si unquàm*, montré quels arguments on invoquait dans l'un et l'autre sens. Nous ne pouvons que renvoyer à ces explications, nous contentant de rappeler que la révocation de plein droit avait été généralement admise dans l'ancienne pratique française, d'où elle a passé dans l'ordonnance de 1731 et dans le Code Napoléon. Du principe que la révocation par survenance d'enfants opère de plein droit, découlent plusieurs conséquences importantes, diamétralement opposées à celles que nous avons déduites de la nature de la révocation pour cause d'inexécution des conditions et pour cause d'ingratitude. Énumérons ces conséquences :

1° La révocation n'est pas facultative, en ce sens qu'elle existe bon gré malgré le donateur, soit qu'il la demande, soit qu'il ne la demande pas, de telle sorte qu'une fois la naissance de l'enfant arrivée, le donataire ne peut rester propriétaire des objets donnés, qu'en vertu d'un nouveau titre. (Art. 964.)

2° La révocation n'est pas judiciaire, c'est-à-dire que le donateur n'a pas besoin d'obtenir un jugement de révocation. Il est certain que si le donataire niait l'existence de l'une des deux conditions requises pour la révocation, c'est-à-dire la non-existence d'enfants lors de la donation, ou leur survenance postérieure, cette contestation occasionnerait un procès. Mais, à la différence du cas où la révocation n'est que judiciaire, le tribunal saisi n'aurait qu'à constater si en fait les prétentions du donataire sont vraies ou fausses, et dans la dernière hypothèse, il devrait, de suite et sans qu'il lui fût possible d'accorder aucun délai, à peine d'excès de pouvoir, non pas prononcer la révocation, mais bien déclarer qu'elle a existé par le fait de la naissance de l'enfant légitime du donateur.

3° Le donateur peut agir directement contre les tiers acquéreurs du donataire, sans passer par l'intermédiaire de ce dernier.

4° Toute personne intéressée peut se prévaloir de la révocation. Ainsi, un tiers en voie de prescrire l'immeuble donné et assigné par le donataire en revendication pourrait invoquer la révocation, à l'effet de faire déclarer celui-ci non recevable en sa demande pour défaut de qualité.

5° Le droit de demander la révocation est imprescriptible. Mais ici il faut s'entendre, et ce serait une grave erreur, du reste démentie par l'art. 966, de croire que la prescription des immeubles donnés devient impossible par la survenance d'un enfant légitime du donateur. En effet, quand nous excluons la prescription, nous ne voulons pas parler de la prescription acquisitive, mais bien de la prescription libératoire, afin de libérer le donataire de l'action en révocation.

6° La donation révoquée n'est susceptible d'aucune ratification, expresse ou tacite, ainsi que nous l'expliquerons plus longuement dans la section quatrième.

Les effets produits par la révocation des donations pour cause de survenance d'enfants sont, en général, les mêmes que ceux qui résultent d'une condition résolutoire. Les choses sont remises au même état que si la donation n'avait pas eu lieu. Le donateur redevient propriétaire des objets donnés, dont il peut disposer comme bon lui semble, soit à titre gratuit, soit à titre onéreux. (L. 8, au Code, *de revocandis donationibus*, et art. 964 Code Nap.) Il suit de là que les enfants du donateur dont la naissance a opéré la révocation, n'ont aucun droit sur les biens donnés avant le décès de leur père, et que si à cette époque ils ont un droit sur ces biens, ce n'est qu'en qualité d'héritiers et qu'autant qu'ils acceptent la succession. Le droit à la révocation compte donc dans le patrimoine du donateur comme tout autre bien, d'où cette conséquence qu'il est le gage commun de ses créanciers, qui peuvent en son nom agir contre le donataire. (Art. 1166 Code Nap.)

Mais les enfants ont en outre à leur disposition l'action en réduction, qui n'appartient pas plus aux créanciers que les biens rentrés dans le patrimoine du *de cujus* par l'effet de cette action. (Art. 921 Code Nap.) Toutefois, il va sans dire que dans le cas où les enfants auraient choisi l'action en réduction, l'action en révocation pourrait être exercée par les créanciers, dont les droits sont indépendants, et même leur profiter sans qu'il y ait pour autant violation de l'art. 921.

Après ces observations préliminaires, passons aux effets de la révocation à l'égard du donataire et des tiers, soit quant aux objets donnés, soit quant aux fruits qu'ont pu produire ces objets.

Occupons-nous d'abord du donataire. Il doit restituer au donateur les objets qu'il a reçus, sauf à régler compte avec lui au sujet des améliorations ou détériorations provenant de son fait.

Dans le cas où la compensation ne pourrait être établie, parce qu'il y aurait excès d'un côté ou de l'autre, il y aurait lieu à une indemnité, et si c'était le donataire qui se trouvât avoir droit à cette indemnité, nous pensons qu'il aurait le droit de rétention jusqu'à parfait paiement; car son obligation serait résolue en tant que de son côté le donateur se refuserait à exécuter la sienne.

A ce propos, se pose naturellement la question de savoir si dans le cas de révocation d'une donation à charge de rente viagère, le donataire évincé devrait être indemnisé des arrérages qu'il a acquittés, pour autant que ceux-ci surpasseraient en valeur le profit qu'il a retiré de la donation. M. Troplong (1) admet l'affirmative, et nous nous rangeons à cette manière de voir, par ce motif qu'une libéralité ne doit jamais être onéreuse pour le donataire, et que celui-ci ne doit pas être victime d'un contrat de bienfaisance dans lequel il a été de bonne foi.

Passons au point de savoir quels fruits le donataire doit restituer. Doit-il restituer les fruits qu'il a perçus pendant sa jouissance, en totalité ou en partie seulement? Sur cette question, quatre opinions différentes avaient été émises dans l'ancien droit.

Première opinion. Ceux qui considéraient la condition *si liberos non susceperit donator* comme suspensive, concluaient de ce principe que, par suite de la survenance d'enfants, la donation était réputée n'avoir jamais existé, et voulaient, par conséquent, que tous les fruits perçus par le donataire fussent restitués.

Deuxième opinion. Ceux-là, au contraire, qui pensaient que la condition était résolutoire, voulaient que les seuls fruits perçus depuis la naissance de l'enfant fussent restitués.

Troisième opinion. Ricard (2), Dumoulin (3) et la jurispru-

(1) Sur l'art. 962, n° 1314.
(2) *Donations*, III° partie, chap. v, n° 661.
(3) *De Donat. in contract. matrim. fact.*, n° 83.

dence des parlements, en rejetant les deux opinions que nous venons d'exposer, en avaient adopté une troisième, d'après laquelle les fruits ne devaient être restitués qu'à partir de la demande en justice.

Quatrième opinion. Il y avait, enfin, une quatrième opinion, embrassée par Zoesius (1), suivant laquelle le donataire devait restituer tous les fruits à partir de la naissance de l'enfant; après quoi, il ne pouvait les conserver qu'autant qu'il était de bonne foi. Cette dernière décision a été admise par l'art. 41 de l'ordonnance de 1731 et l'art. 962 du Code Napoléon. Une modification y a, toutefois, été apportée en ce sens qu'on exige une notification de la naissance de l'enfant au donataire pour le constituer en état de mauvaise foi. Ainsi, d'après l'art. 962, jusqu'à la naissance de l'enfant, les fruits sont acquis au donataire à titre de propriétaire, malgré la révocation qui, n'opérant que *in jure* et non pas *in facto*, ne peut détruire le fait de la jouissance à titre de propriétaire. De là résultent deux conséquences : 1° que le donataire a droit aux fruits dont nous venons de parler, alors même qu'il n'aurait pas été en possession des choses données; 2° que les fruits civils s'acquérant jour par jour (art. 586 Code Nap.), il a droit à ceux de ces fruits échus au jour de la naissance de l'enfant, alors même qu'il ne les aurait pas perçus.

Après la naissance de l'enfant du donateur, le donataire acquiert les fruits en vertu de l'art. 549 et comme possesseur de bonne foi; d'où il résulte, 1° qu'il n'a droit aux fruits qu'autant qu'il a été en possession; 2° qu'il ne peut conserver les fruits civils qu'autant qu'il les a perçus. Mais la loi présume que le donataire a possédé de bonne foi jusqu'à la notification prescrite par l'art. 962, et cette présomption étant une présomption *juris*

(1) *Comment. sur le tit. de Donat.*, II, n° 140.

et de jure, nulle preuve contraire ne peut être admise. (Art. 1352 Code Nap.)

Cette innovation au système de Zoesius se fonde sur deux motifs : le premier, c'est que le législateur veut éviter les procès et les difficultés qui ne manqueraient pas de surgir sur la question de savoir si le donataire a été ou non de bonne foi ; le second motif, c'est que jusqu'à la notification de la naissance de l'enfant, le donataire, bien qu'il connût cette naissance, pouvait espérer que le donateur le laisserait jouir des objets donnés.

La notification de la naissance de l'enfant ne pourrait être remplacée par aucune formalité équipollente. Décider autrement, en présence des termes si formels de l'art. 962, ce serait tomber dans l'arbitraire. Cependant la Cour de cassation a décidé, par un arrêt du 6 novembre 1832, que dans le cas où le donataire était nommé tuteur de l'enfant dont la naissance opérait la révocation, la notification prescrite par l'art. 962 était inutile. Cette décision de la Cour suprême nous semble très juste. En effet, l'acte par lequel le donataire est nommé tuteur de l'enfant contient implicitement et forcément la notification de la naissance de cet enfant. Ensuite, comme ce serait le tuteur qui serait chargé de faire la notification, il serait absurde d'exiger qu'il se fît à lui-même une notification. Enfin, dans l'espèce, le donataire serait, en sa qualité de tuteur, responsable du défaut de notification, et s'il voulait s'en prévaloir, il en serait empêché par la maxime : *Quem de evictione tenet actio, eumdem agentem repellit exceptio.*

Passons aux effets de la révocation pour cause de survenance d'enfants à l'égard des tiers, soit quant à la restitution des choses données, soit quant à la restitution des fruits. Nous commencerons par la restitution des fruits. Que décider au sujet de cette restitution ? MM. Toullier et Grenier (1), s'appuyant sur l'art. 549

(1) Toullier, t. V, n° 321 ; Grenier, t. II, n° 208.

et sur l'autorité de Pothier [1], ont prétendu que les tiers acquéreurs des biens donnés ne devaient restituer les fruits que du jour de la demande en justice formée contre eux. C'est là, croyons-nous, une erreur, car si l'on veut décider la question par les principes généraux, il faudrait au moins dire que les tiers devront restituer les fruits du jour où ils auront connu la naissance de l'enfant du donateur. En effet, à la différence de l'ancien droit, qui voulait que le possesseur ne pût être constitué en état de mauvaise foi que par une demande en justice, l'art. 549 veut que la bonne foi de ce possesseur cesse du moment où il a connu d'une manière quelconque les vices de son titre. Mais une pareille décision mettrait les tiers détenteurs des biens donnés dans une position trop désavantageuse. Aussi pensons-nous qu'il faudrait leur appliquer l'art. 962. C'est que, dans l'hypothèse, ce ne sont pas de simples possesseurs de bonne foi, mais bien plutôt des propriétaires sous condition résolutoire comme le donataire lui-même. L'art. 966 prouve l'exactitude de cette manière de voir, puisque, en ce qui concerne la prescription, il traite ces tiers comme le donataire lui-même.

Les effets de la révocation pour cause de survenance d'enfants, relativement à la propriété, aux hypothèques ou autres droits réels qui ont pu être consentis à des tiers, sont déterminés par l'art. 963, ainsi conçu : « Les biens compris dans la donation » révoquée de plein droit rentreront dans le patrimoine du dona- » teur, libres de toutes charges et hypothèques du chef du do- » nataire, sans qu'ils puissent demeurer affectés, même subsi- » diairement, à la restitution de la dot de la femme de ce dona- » taire, de ses reprises ou autres conventions matrimoniales ; ce » qui aura lieu quand même la donation aurait été faite en faveur » du mariage du donataire et insérée dans le contrat, et que le

(1) Introduction au tit. XV de la *Coutume d'Orléans*, n° 108.

» donateur se serait obligé comme caution, par la donation, à » l'exécution du contrat de mariage. »

Il résulte de cet article que tous les droits réels consentis à des tiers sont résolus par application de la maxime : *Resoluto jure dantis, resolvitur etiam jus accipientis.* Cependant, par analogie de l'art. 1673, nous pensons que, même en considérant comme personnels les droits résultant des baux consentis par le donataire, ces droits ne devraient subir aucune atteinte.

Le principe de la résolution des droits des tiers, posé par l'art. 963, n'était pas admis sans controverse dans l'ancien droit. Les jurisconsultes, qui considéraient comme suspensive la condition *si liberos non susceperit donator*, admettaient forcément les principes posés dans l'art. 963. Mais parmi ceux qui considéraient cette condition comme résolutoire, on se demandait si l'action en révocation était réelle et personnelle. Cujas voulait que ce ne fût qu'une action personnelle, *condictio ob rem dati, re non secutâ.* Mais la plupart des auteurs, et entre autres Ricard et Furgole (1), regardaient cette action comme réelle et voulaient, par conséquent, que les tiers acquéreurs fussent évincés comme en cas de réméré. C'est cette dernière manière de voir, nous le savons, qui a été adoptée par l'ordonnance de 1731 et le Code Napoléon. Ces lois ne veulent pas même que les biens faisant partie de la donation révoquée puissent demeurer affectés subsidiairement à la restitution de la dot de la femme, de ses reprises ou autres conventions matrimoniales, même dans le cas où la donation aurait été faite en faveur du mariage du donataire et insérée dans le contrat. On a ainsi abrogé une ancienne tradition, qui, malgré les protestations de Ricard (2), avait été généralement ad-

(1) Ricard, *Donations*, IIIe partie, chap. v, n° 651 ; Furgole, sur l'art. 41 de l'ordonn. de 1731.

(2) Ricard, *Donations*, IIIe partie, chap. v, nos 652 et suiv.

mise par la jurisprudence. Cette tradition, Furgole [1] nous l'apprend, s'était introduite à fausses *enseignes* à propos de l'arrêt de 1551, intervenu à la suite du procès entre Dumoulin et son frère. Cet arrêt, dont nous avons déjà eu l'occasion de parler, avait, il est vrai, réservé sur les biens faisant partie de la donation révoquée une hypothèque en faveur de la femme du donataire Ferry Dumoulin, mais il n'aurait pas dû faire jurisprudence quant à cette réserve ; car, ainsi que Dumoulin [2] le dit dans ses ouvrages, cette réserve n'avait été faite par l'arrêt du parlement de Paris qu'en vertu de son consentement résultant d'un acte signé de sa main.

Le législateur moderne est allé encore plus loin que Ricard [3], et il ne veut pas que les biens donnés soient affectés à la restitution de la dot de la femme, même dans le cas où le donateur se serait obligé comme caution par la donation à l'exécution du contrat de mariage. Le cautionnement fourni par le donateur n'est pourtant pas une libéralité, ni envers le créancier, qui reçoit seulement ce qui lui est dû, ni envers le débiteur, qui reste obligé envers la caution. Pourquoi donc est-il révoqué comme la donation ? Pothier et Furgole [4] nous en donnent le motif. C'est que si au moyen du cautionnement la femme du donataire conservait quelques droits sur la chose donnée à son mari, ce serait, de la part du donateur, s'interdire indirectement la faculté de révoquer la donation, contrairement à l'art. 965. Aussi le cautionnement fourni pour l'exécution du contrat de mariage par toute autre personne que le donateur, ne serait pas révoqué par la survenance d'enfants. Nous avons supposé, il y a quelques instants,

(1) Sur l'art. 42 de l'ordonn. de 1731.

(2) *De Donat. in contract. matrim. fact.*, n° 86.

(3) *Donations*, III° partie, chap. v, n° 657.

(4) POTHIER, *Donat.*, tit. 3, sect. 3, art. 2, § 4; FURGOLE, sur l'art. 42 de l'ordonn. de 1731.

que le cautionnement fourni par le donateur l'était dans le contrat de mariage. Faudrait-il encore révoquer ce cautionnement dans le cas où il serait donné dans un acte séparé? M. Demante[1] adopte la négative. C'est là, selon nous, une erreur. Quel est, en effet, le motif qui fait révoquer le cautionnement? C'est, nous l'avons dit, la crainte du législateur que ce cautionnement ne soit une renonciation indirecte à la révocation; or, cette crainte est tout aussi fondée dans le cas où le cautionnement est donné par acte séparé que dans le cas où il est donné dans l'acte de donation. Il doit donc être révoqué dans les deux cas sans aucune distinction.

SECTION IV.

Quelles sont les causes d'extinction du droit qu'a le donateur de demander la révocation des donations qu'il a consenties, pour cause de survenance d'enfants.

Lorsqu'une personne a le droit de demander la révocation d'un acte à titre gratuit ou onéreux, trois causes peuvent, en général, la priver de ce droit. Ce sont : 1° la ratification tacite ou expresse émanant de cette personne, 2° sa renonciation, 3° la prescription. Ces trois causes d'extinction sont-elles applicables à la révocation des donations par survenance d'enfants? C'est ce que nous allons voir.

1° *Ratification.* La question de ratification est traitée dans les art. 962 *in principio* et 964. Ces articles sont ainsi conçus:

« Art. 962. La donation demeurera pareillement révoquée » lors même que le donataire serait entré en possession des biens » donnés et qu'il y aurait été laissé par le donateur depuis la sur» venance de l'enfant.

» Art. 964. Les donations ainsi révoquées ne pourront revivre

(1) Tome IV, n° 107 *bis*.

» ou avoir de nouveau leur effet, ni par la mort du donateur ni » par aucun acte confirmatif; et si le donateur veut donner les » mêmes biens au même donataire, soit avant, soit après la mort » de l'enfant par la naissance duquel la donation a été révoquée, » il ne le pourra faire que par une nouvelle disposition. »

Toute ratification, soit expresse, soit tacite, est donc impossible, et c'est là, comme nous l'avons déjà démontré, un corollaire du principe que la survenance d'enfants révoque de plein droit les donations. Quoi qu'il en soit, cette impossibilité n'a pas toujours été admise, et l'ordonnance de 1731, dont les art. 962 et 964 sont la reproduction, a tranché sur ce point d'anciennes controverses. Ainsi Ricard (1) et Auroux (2) prétendaient que la ratification donnée par le donateur depuis la naissance de son enfant le rendait non recevable à agir en révocation. Mais aujourd'hui le donataire ne peut redevenir propriétaire des biens faisant partie de la donation révoquée que par une nouvelle disposition, et cette nouvelle disposition, remarquons-le en passant, peut avoir lieu au profit d'un tiers, contrairement à l'opinion de Ricard (3). Il suit de ce que nous venons de dire que, malgré l'avis contraire de Ricard (4), il faut, conformément à l'opinion de Dumoulin et de Zoesius (5), décider que le droit du donateur n'est compromis ni par la mort des enfants qui lui sont survenus, ni par leur incapacité ou leur exhérédation, ni même par la continuation de possession au profit du donataire pendant un temps assez long depuis la naissance des enfants qui ont opéré la révocation, ou même depuis leur décès.

(1) *Donations*, IIIe partie, chap. v, no 627.
(2) Sur l'art. 225 de la *Coutume du Bourbonnais*, no 11.
(3) *Donations*, IIIe partie, chap. v, no 663.
(4) *Donations*, IIIe partie, chap. v, nos 630-633 et suiv.
(5) DUMOULIN, *de Donat. in contract. matrim. fact.*, no 35; ZOESIUS, *Comment. sur le tit. de Donat.*, II, no 141.

2° *Renonciation*. L'art. 965 s'occupe de la renonciation à la révocation de la donation. Cet article est ainsi conçu : « Toute » clause ou convention par laquelle le donateur aurait re- » noncé à la révocation de la donation pour survenance d'en- » fants, sera regardée comme nulle et ne pourra produire » aucun effet. »

Toute renonciation antérieure à la naissance de l'enfant du donateur, comme toute ratification postérieure, est donc prohibée. Cette sage disposition se justifie d'elle-même. En effet, la révocation par survenance d'enfants est un secours que la loi veut apporter à l'imprévoyance du donateur, et qui ne doit pas lui faire défaut lorsqu'il porte cette imprévoyance à son comble en faisant une renonciation dont il ne peut pas apprécier toute la portée. Ajoutons que si la renonciation était autorisée, elle deviendrait de style dans tous les actes de donation, ce qui rendrait vaines les précautions du législateur. Remarquons, enfin, que la révocation des donations par survenance d'enfants est une mesure qui intéresse l'ordre public, et qu'aux termes de l'art. 6 Code Napoléon, les particuliers ne peuvent déroger aux lois qui intéressent l'ordre public.

L'art. 44 de l'ordonnance de 1731, reproduit dans l'art. 965 du Code Napoléon, a tranché une question très controversée. Nombre d'auteurs, nous l'avons vu, parmi lesquels on compte Tiraqueau et Cujas [1], enseignaient que le donateur pouvait renoncer à la révocation : 1° parce que cette révocation était dans son intérêt, et que chacun peut renoncer à un bénéfice introduit en sa faveur; 2° parce que le donateur ayant pensé aux enfants qui pouvaient lui survenir, le fondement de la loi *Si unquàm* faisait défaut. Mais la jurisprudence des parlements, adoptée par

(1) TIRAQUEAU, *ad leg. Si unq.* præfat., n° 111 ; CUJAS, sur le titre *de revocandis donat.*, au Code.

Dumoulin et Guy Coquille [1], avait suivi l'opinion contraire, pour les motifs que nous avons exposés plus haut. Cette opinion était, sans doute, la plus logique ; mais en commentant la loi *Si unquàm*, nous avons prouvé qu'en présence des textes du droit romain il était difficile de l'admettre.

Il faut appliquer la prohibition portée par l'art. 965 à toute renonciation, qu'elle soit totale ou partielle, directe ou indirecte, comme dans le cas où le donateur se porterait garant de la vente des objets donnés consentie par le donataire.

Des espèces ont cependant été proposées, dans lesquelles on a cru pouvoir regarder comme licite la renonciation du donateur. La première espèce, jugée par arrêt de la Cour de cassation du 18 décembre 1844, rapporté par M. Troplong [2], est la suivante : Un mari et une femme avaient fait une donation solidaire à un tiers, et ils n'eurent pas d'enfants. La femme mourut bientôt, instituant le mari son légataire universel. Celui-ci contracta alors un second mariage, duquel naquit un enfant. La donation se trouvait ainsi révoquée, mais le mari fut déclaré non recevable à demander la révocation. Ce fut, ce nous semble, avec raison ; car en qualité de légataire de sa femme, il était tenu des dettes de celle-ci, obligée de faire valoir la donation pour le tout, et le donataire qu'il voulait évincer pouvait lui répondre victorieusement par la maxime : *Quem de evictione tenet actio, eumdem agentem repellit exceptio.*

M. Demolombe [3] voit encore un cas où il serait possible au donateur de renoncer à la révocation. C'est celui où un homme ayant fait une donation à une femme et épousant plus tard cette femme, renoncerait au droit de demander la révocation dans le

(1) DUMOULIN, *de Donat. in contract. matrim. fact.*; GUY COQUILLE, question 292.

(2) Sur les art. 960-961, n° 1407.

(3) *Donations*, t. III, n° 781 *bis*.

contrat de mariage. C'est là une erreur, selon nous ; car, si dans l'espèce la renonciation a lieu en faveur du mariage, cela ne fait pas que la donation antérieure ne soit une donation ordinaire régie par les art. 960 et 965. L'argument de M. Demolombe, qui consiste à dire que l'art. 965 n'est que la sanction de l'art. 960, et que, par conséquent, il ne doit pas s'appliquer aux donations en faveur de mariage, n'est donc qu'une pétition de principes.

A côté de la renonciation du donateur au droit de demander la révocation pour cause de survenance d'enfants, se présente naturellement la question de savoir si ce donateur peut céder ce droit. Il est évident qu'il le peut après la naissance de l'enfant qui opère la révocation de la donation. Mais le pourrait-il avant cette époque? Nous ne le pensons pas; car l'esprit de l'art. 965 est d'interdire tout acte et toute convention qui auraient pour résultat de diminuer d'avance le droit du donateur à la révocation. Or, si l'on admettait que ce droit est cessible, on arriverait, d'un côté, à ce résultat que le donateur s'en dessaisirait à vil prix, sans réfléchir suffisamment à ce qu'il fait, et de l'autre, à cette conséquence, non moins fâcheuse, que le droit à la révocation pourrait arriver dans les mains du donataire par suite de cessions fictives qui constitueraient en définitive une renonciation indirecte de la part du donateur.

3° *Prescription.* Le droit du donateur de demander la révocation peut s'éteindre par la prescription, ainsi que l'exprime l'art. 966, ainsi conçu : « Le donataire, ses héritiers ou ayants » cause, ou autres détenteurs des choses données, ne pourront » opposer la prescription pour faire valoir la donation révoquée » par la survenance d'enfants, qu'après une possession de trente » années, qui ne pourront commencer à courir que du jour de la » naissance du dernier enfant du donateur, même posthume, et » sans préjudice des interruptions telles que de droit. »

Lorsque nous disons que le droit du donateur peut s'éteindre par la prescription, nous nous servons d'une expression inexacte; car, ainsi que nous l'avons déjà dit, ce droit est imprescriptible. Mais dans la réalité des choses on peut dire qu'il est éteint, puisque l'action que voudrait exercer le donateur, ne pourrait avoir aucun résultat à l'encontre de la prescription acquisitive du donataire ou de ses ayants cause.

Sous le bénéfice de cette observation, remarquons que l'art. 966 déroge en trois points aux règles ordinaires de la prescription.

1° Il n'admet à l'égard des tiers détenteurs que la prescription trentenaire.

2° Il ne fait courir cette prescription que du jour de la naissance du dernier enfant.

3° Lorsqu'elle est accomplie, le donataire, ses héritiers ou ayants cause, au lieu d'être propriétaires en vertu d'un titre nouveau, le sont à titre de donataires.

Examinons dans leurs détails chacune de ces trois dérogations.

1° D'après le droit commun, la prescription acquisitive s'effectue dans un délai variable suivant les circonstances. Ce délai est de dix ou vingt ans pour celui qui possède avec juste titre et bonne foi (art. 2265 Code Napoléon), et de trente ans pour celui qui possède en dehors de ces deux conditions (art. 2262 Code Napoléon). Pourtant l'art. 966 n'admet, même à l'égard des tiers acquéreurs avec juste titre et bonne foi, que la prescription trentenaire. L'art. 45 de l'ordonnance de 1731 et l'art. 966 tranchent ainsi une question autrefois fort débattue. Le parlement de Toulouse voulait que, même avec titre et bonne foi, les tiers ne pussent prescrire que par trente ans. Au contraire, le parlement de Paris, dont la jurisprudence était approuvée par Ricard (1),

(1) *Donations*, IIIe partie, chap. v, n° 659.

décidait que les tiers détenteurs des objets donnés les prescrivaient par dix ou vingt ans lorsqu'ils avaient juste titre et bonne foi. Quoi qu'il en soit de cette controverse et bien que le législateur moderne se soit rangé à la jurisprudence du parlement de Toulouse, nous pensons que le parlement de Paris avait raison, et qu'il n'est pas possible de donner aucun bon motif du système contraire, qui a pour résultat de faire planer sur la propriété une incertitude déplorable.

2° De droit commun, la prescription court contre celui qui peut l'interrompre, par application *à contrario* de la maxime : *Contrà non volentem agere non currit præscriptio.* Il n'en est point de même dans la matière qui nous occupe, et aux termes de l'art. 966 la prescription court non pas du jour de la naissance du premier enfant du donateur, bien qu'il puisse dès lors l'interrompre, mais seulement du jour de la naissance du dernier enfant. Ici encore une ancienne controverse a été tranchée contrairement au sentiment de Ricard (1), qui, soit dit en passant, aurait dû être admis. Cependant Furgole et Pothier (2) ont voulu justifier la décision contenue dans l'art. 45 de l'ordonnance de 1731. Suivant ces jurisconsultes, la prescription ne court que depuis la naissance du dernier enfant, parce que chaque naissance, produisant une nouvelle cause de révocation, doit effacer les effets du laps de temps qui s'est écoulé entre la naissance du premier enfant et celle du dernier. Cette explication nous semble partir d'un faux point de vue ; car la donation étant révoquée de plein droit par la naissance du premier enfant, il est absolument faux de dire que la naissance des autres produit un effet quelconque quant à la révocation. Certaines personnes sont allées

(1) *Donations*, IIIe partie, chap. v, n° 659.

(2) Furgole, sur l'art. 45 de l'ordonn. de 1731 ; Pothier, *Donat.*, tit. 3, sect. 3, art. 2, § 5.

jusqu'à émettre l'opinion que les tiers détenteurs ou acquéreurs des biens donnés devraient prescrire du jour où ils ont commencé à posséder. Nous ne sommes pas de cet avis, et nous croyons que la loi n'a fait en ce point que se conformer aux vrais principes ; car avant la naissance du premier enfant, le donateur, étant dans l'impossibilité légale d'agir, ne doit voir aucune prescription courir contre lui.

Les règles que nous venons de poser sur les délais de la prescription et sur son point de départ s'appliquent, sans préjudice du droit commun, sur l'interruption et la suspension de la prescription. L'art. 966 ne parle, il est vrai, que des interruptions ; mais sa disposition doit évidemment être étendue aux suspensions, l'esprit de cet article étant d'étendre l'application du droit commun plutôt que de la restreindre.

3° De droit commun, la personne au profit de laquelle la prescription s'est accomplie, devient propriétaire en vertu d'un titre nouveau. Au contraire, dans la matière qui nous occupe, ceux qui prescrivent les choses données en deviennent propriétaires à titre de donataires. Sur ce point, toutefois, on n'est pas d'accord, et trois systèmes différents ont été soutenus.

Suivant un premier système, le donataire, ses héritiers ou ayants cause, qui ont prescrit, sont propriétaires en vertu d'un titre nouveau (*ex causâ usucapionis*). A l'appui de cette manière de voir, on fait les raisonnements suivants : 1° Par la survenance d'un enfant au donateur, la donation est anéantie de plein droit et n'est pas susceptible de revivre par une ratification expresse ou tacite (art. 962 et 964) ; or, dit-on, si après trente ans, le donataire ou ses ayants cause pouvaient conserver, à titre de donataires, les biens faisant partie de la donation révoquée, il faudrait supposer une ratification tacite et mettre ainsi l'art. 966 en contradiction avec les art. 962 et 964. 2° L'art. 966 met sur le même pied le donataire et les tiers détenteurs ; or, il n'est pas possible d'admettre que ces derniers deviennent donataires ; on ne peut donc pas admettre que le donataire primitif redevienne propriétaire au même titre.

Dans le second système, la prescription, dans le cas prévu par l'art. 966, fait acquérir la propriété des biens donnés à titre de donation. Cette décision nous semble devoir être admise ; car les mots *pour faire valoir la donation*, compris dans l'art. 966, sont formels. D'un autre côté, l'inaction du donateur pendant trente années est une preuve de la confirmation de la donation. Qu'on n'objecte pas que ce motif met en contradiction les art. 962 et 964 avec l'art. 966. Tout ce qu'on peut conclure de là, c'est que l'art. 966 apporte une exception aux prohibitions des art. 962 et 964, exception qui, du reste, se comprend parfaitement. On ne peut craindre, en effet, que la ratification qui résulte de l'inaction du donateur pendant trente années soit, comme pourrait l'être une autre ratification, le résultat d'une irréflexion. Enfin, l'art. 2240 Cod. Nap. est un obstacle à ce que le donataire ou ses ayants cause deviennent propriétaires en vertu d'un titre nouveau ; car, aux termes de cet article, on ne peut pas prescrire contre son titre, en ce sens qu'on ne peut pas se changer à soi-même la cause et le principe de sa possession ; or, le donataire ou ses ayants cause ne sont en possession qu'en vertu d'un titre de propriété résoluble, et cette possession ne peut pas leur servir à acquérir une propriété *ex causâ usucapionis*.

M. Mourlon (1) a présenté sur la question un troisième système. Selon cet auteur, le donataire ou ses ayants cause seraient bien, comme dans le second système, propriétaires à titre de donataires, mais il en serait ainsi parce que le donateur serait censé leur avoir fait une seconde donation dont la prescription les dispenserait de rapporter la preuve. Ce système est ingénieux,

(1) Tome II, p. 380. Répétitions écrites.

mais il vient se briser contre ces mots de l'art. 966 : *faire valoir la donation révoquée.*

La discussion à laquelle nous venons de nous livrer présente un grand intérêt pratique. En effet, suivant que l'on admettra le second ou le premier système, on devra décider que les droits de ceux qui ont prescrit les objets donnés sont ou ne sont pas soumis à la réduction, au rapport et à la révocation pour cause d'inexécution des conditions ou d'ingratitude.

Nous terminerons ce travail en faisant remarquer que, contrairement à l'opinion de Ferrières (1), le donataire obligé d'indemniser le tiers évincé n'a aucun recours contre le donateur, même dans le cas où ce dernier se serait porté garant par une clause expresse de l'acte de donation. C'est qu'une pareille clause ne serait rien autre chose qu'une renonciation anticipée à la révocation de la donation pour cause de survenance d'enfants, renonciation qui, nous le savons, est formellement prohibée par l'art. 965 du Code Napoléon.

(1) Sur le tit. XIII de la *Coutume de Paris.*

PROPOSITIONS.

DROIT ROMAIN.

I. Le donataire qui refuse des aliments au donateur n'encourt pas la révocation de la donation pour cause d'ingratitude.

II. Le donateur ne peut renoncer d'avance à la révocation pour cause d'ingratitude.

III. La loi *Si unquàm* est inapplicable en dehors des donations faites par un patron à son affranchi.

IV. La révocation pour cause de survenance d'enfants opère de plein droit.

V. La donation qui a été révoquée par la naissance d'un enfant du donateur ne peut revivre par la mort de cet enfant.

DROIT FRANÇAIS.

DROIT CIVIL.

I. C'est à tort que le Code Napoléon qualifie la révocation pour cause d'inexécution des conditions ou pour cause d'ingratitude d'exceptions au principe de l'irrévocabilité des donations.

II. L'inexécution des conditions prévue par l'art. 953 s'entend de l'inexécution des charges de la donation, et non de l'inexécution des conditions proprement dites, soit suspensives, soit résolutoires.

III. Le donateur peut céder son droit de demander la révocation pour cause d'inexécution des conditions, même avant que cette inexécution se soit manifestée.

IV. Dans le cas de donations avec charges, le donateur ne peut pas conclure à l'exécution des charges.

V. L'ingratitude commise avant la donation n'en peut motiver la révocation.

VI. Le délai d'un an, établi par l'art. 957, constitue une simple déchéance et non une prescription véritable.

VII. L'action en révocation pour cause d'ingratitude, intentée du vivant du donataire, ne peut être continuée contre ses héritiers.

VIII. L'exception posée par l'art. 959 à la règle de la révocation des donations pour cause d'ingratitude ne s'applique pas aux donations entre époux.

IX. L'existence d'un enfant naturel à l'époque de la donation n'est pas un obstacle à ce qu'elle soit plus tard révoquée par la naissance d'un enfant légitime.

X. La même solution doit être donnée à l'égard d'un enfant adoptif.

XI. La survenance d'un enfant né d'un mariage putatif n'opère pas la révocation des donations consenties par l'un des époux, si cet époux est de mauvaise foi.

XII. En cas de révocation d'une donation pour cause de survenance d'enfants, les tiers acquéreurs des biens donnés ne doivent restituer les fruits qu'à partir de la notification qui leur est faite de la naissance de l'enfant du donateur.

DROIT ADMINISTRATIF.

I. Les ministres des cultes ne jouissent pas de la garantie accordée aux fonctionnaires par l'art. 75 de la constitution du 22 frimaire an VIII.

DROIT COMMERCIAL.

I. Le porteur d'une lettre de change est propriétaire de la provision.

II. Les tribunaux civils sont incompétents, *ratione materiæ*, lorsqu'il s'agit d'affaires attribuées par le Code de commerce aux tribunaux de commerce.

DROIT CRIMINEL.

I. La prescription de l'action publique éteint également l'action civile.

II. Le ministère public saisi d'une plainte en adultère ne peut continuer les poursuites lorsque le mari vient à décéder pendant le cours de l'instance.

III. Les crimes commis par des mineurs de seize ans ne se prescrivent que par dix ans, alors même que par suite de l'excuse de l'âge ils ne sont punis que de peines correctionnelles prononcées par les tribunaux correctionnels.

La consciencieuse Etude de Pierre-Amédée Billecard sur la révocation des donations entre vifs en droit romain et en droit français nous a paru remplir *largement* les conditions d'une thèse de doctorat; et, tout en regrettant quelques solutions d'un impitoyable strict droit, nous n'y avons rien remarqué qui puisse le moindrement du monde mettre en péril l'ordre public et les bonnes mœurs.

Dijon, ce 29 janvier 1868.

Le Doyen,
L.-R. MORELOT.

Permis d'imprimer.
Le Recteur,
L. MONTY.

BESANÇON, IMPRIMERIE DE J. JACQUIN.

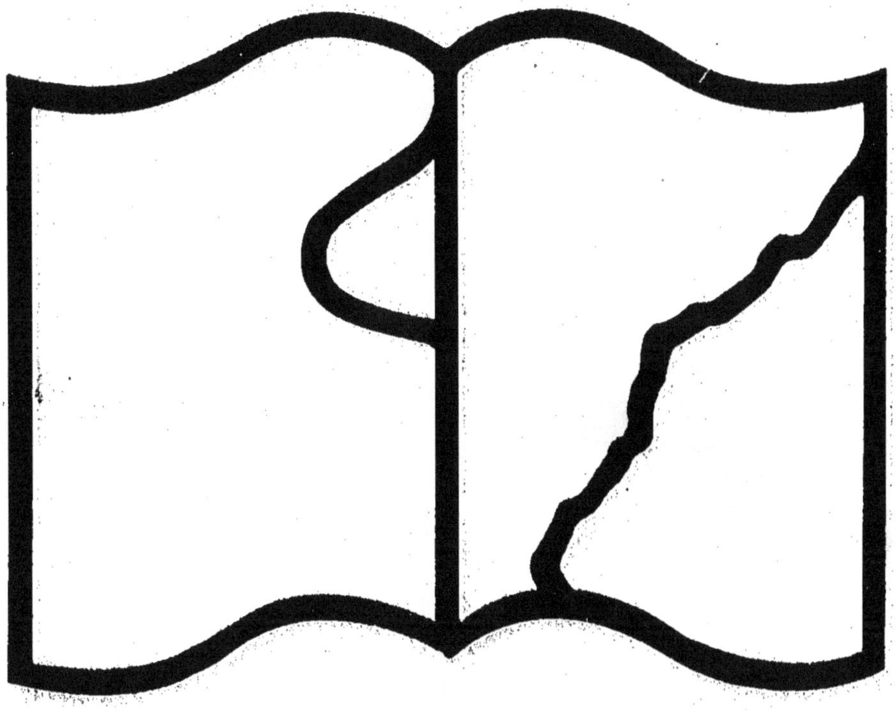

Texte détérioré — reliure défectueuse

NF Z 43-120-11

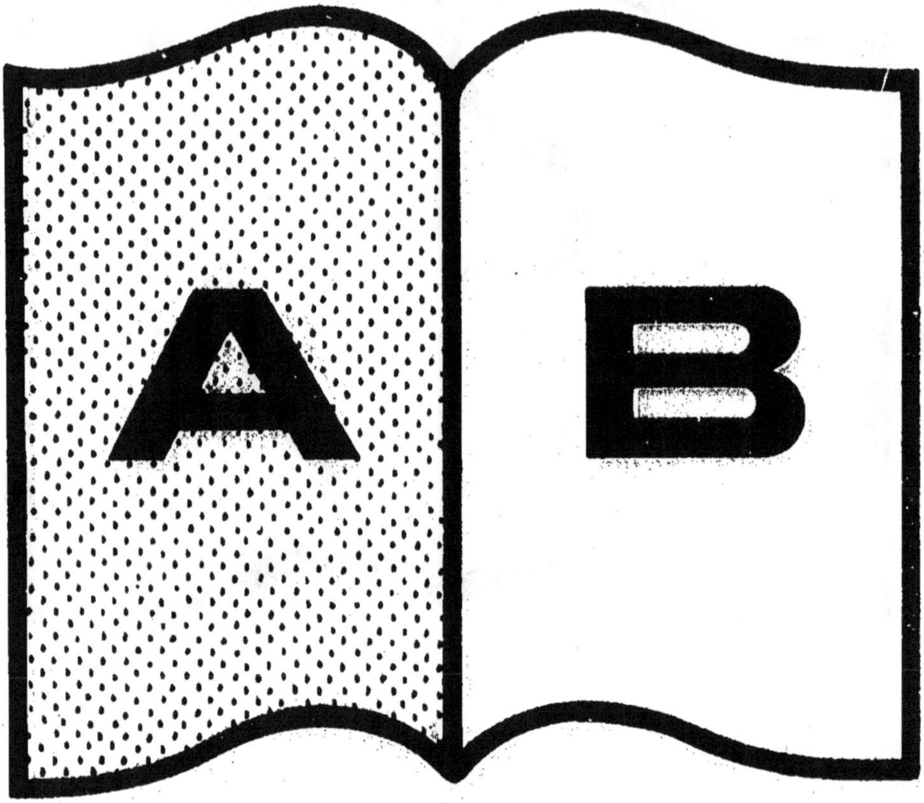
A
B

www.ingramcontent.com/pod-product-compliance
Lightning Source LLC
Chambersburg PA
CBHW050114210326
41519CB00015BA/3953
* 9 7 8 2 0 1 1 2 7 8 1 9 7 *